मज़हब ही तो सिखाता है आपस में बैर रखना

डॉ. राकेश कुमार आर्य

डायमंड बुक्स

www.diamondbooks.in

प्रकाशक : डायमंड पॉकेट बुक्स (प्रा.) लि.
X-30 ओखला इंडस्ट्रियल एरिया, फेस -II
नई दिल्ली- 110020
फोन : 011-40712200
ई-मेल : wecare@diamondbooks.in
वेबसाइट : www.diamondbooks.in
संस्करण : 2026
मुद्रक : रेप्रो (इंडिया)

Mazhab Hi To Sikhata Hai Aapas Me Bair Rakhna
by : *Dr. Rakesh Kumar Arya*

लेखकीय निवेदन

'मज़हब' को कुछ लोगों ने 'अफीम' की संज्ञा दी है। इसका कारण है कि मज़हब का नशा मानव को मानव बनने ही नहीं देता है। मज़हब व्यक्ति को 'हिन्दू' बनाता है, मुसलमान बनाता है, ईसाई बनाता है, सिक्ख बनाता है और भी बहुत कुछ बनाता है, पर मानव नहीं बनाता।

मज़हबी दृष्टिकोण से यदि व्यक्ति को देखा जाएगा तो देखने वाला उसे हिन्दू, मुस्लिम, सिक्ख, ईसाई के रूप में ही देखेगा। वैसे भी आजकल समाज में लोगों की सोच इतनी संकीर्ण हो चुकी है कि वह जाति और सम्प्रदाय देखकर या पूछकर ही लोगों से बातचीत करते हैं। यदि दो या अधिक लोगों में बातचीत का क्रम आरम्भ होता है तो अक्सर यह भी देखा जाता है कि लोग एक-दूसरे के संप्रदाय और जाति के विषय में पहले ही पूछ लेते हैं। कौन कितना मानवतावादी है? कौन कितना मानवीय सोच रखने वाला है या कितना ज्ञानवान है? इस पर कोई चर्चा नहीं होती। किसी प्रकार की जानकारी का आदान-प्रदान नहीं होता।

किसी ने पूछा कि तेरा धनमाल कितना है?
किसी ने पूछा कि तेरा जाहोजमाल कितना है?
किसी ने पूछा कि तेरा परिवार कितना है?
किसी ने न पूछा कि तेरा प्रभु से प्यार कितना है?

कोई नहीं पूछता कि तेरा मानवता से कितना प्यार है? सब यही पूछते हैं कि तेरा जाति से कितना प्यार है या तेरा मज़हब से कितना प्यार है? मानवता से पहले जाति और मज़हब आ गए, यही सबसे बड़ी विडंबना है आज के मानव समाज की।

एक-दूसरे को जाति या सम्प्रदाय के आधार पर देखने वालों का यह दृष्टिकोण वास्तव में मानवीय गरिमा के प्रतिकूल है। मानव मानव के बीच ऐसी दीवार खड़ी करने वाले

मज़हब को 'अफीम' घोषित कर उसे व्यक्ति का निजी मामला पश्चिम के राजनीतिक चिन्तकों के द्वारा घोषित किया गया। यद्यपि पश्चिमी जगत् आज तक भी जाति, सम्प्रदाय, नस्लभेद आदि से बाहर नहीं निकल पाया है। वहाँ के समाज में भारत से भी अधिक जटिलताएँ व्याप्त हैं। जिनका सामना लोगों को करना पड़ता है। कारण यह है कि संसार को ईसाइयत के ध्वज नीचे लाने की सोच को पश्चिम के बड़े-बड़े विद्वान् गहरी तो करते हुए देखे जाते हैं, कम नहीं। इस्लाम की स्थिति तो और भी भयानक है।

वस्तुतः मज़हब को अफीम की संज्ञा देने की घोषणा को भी मूर्खतापूर्ण ही कहा जाएगा। क्योंकि यदि किसी व्यक्ति की निजी सोच और चिंतन उन्मादी है, जुनून से भरा हुआ है, एक-दूसरे के प्रति घृणा के भाव उसमें समाविष्ट हैं तो सामाजिक जीवन पर इसका प्रभाव पड़े बिना रह नहीं सकता। गुलगुले खाते हुए गुड़ से परहेज करना सचमुच मूर्खता ही कहा जाता है। दुर्भाग्यवश संसार के लोगों ने गुलगुले खाकर गुड़ से परहेज करने की इसी अतार्किक सोच को अपनाया हुआ है। इसका परिणाम हमारे सामने जो भी आया है उसने मानव और मानवता को अनेक विसंगतियों और जटिलताओं का शिकार बना दिया है।

अतः आवश्यकता मज़हब को व्यक्ति का निजी मामला घोषित करने की नहीं थी और ना है, अपितु मानवीय सोच को मानवीय बनाने की आवश्यकता थी। जो कि दुर्भाग्य से बनाई नहीं गई। कितनी गलत अवधारणा है कि तुम मानव होकर भी सोच तो दानव की रखो और कार्य मानवीय करो। यदि सोच दानव की है या दानवतावादी है तो कार्य भी दानवतावादी होने निश्चित हैं। क्योंकि सोच या भाव जैसा होता है कृति वैसी ही बनती है। पश्चिम के राजनीतिक चिन्तकों और मनीषियों से यह भूल हुई कि चिन्तन या सोच हमारे कार्य की नींव है। उन्होंने मानव के भाव या चिन्तन पर विचार ही नहीं किया। उन्हें विचार करना चाहिए था कि जब तक चिन्तन दूषित है, तब तक कृति का दूषित होना अवश्यम्भावी है।

इसीलिए वेद ने मनुष्य को आदेशित किया-

'मनुर्भव: जनया दैव्यम जनम'

अर्थात् अपने आपको मनुष्य बना और दिव्य सन्तति उत्पन्न कर।

मनुष्य से ही वेद कह रहा है कि यदि बनना ही है तो मनुष्य बन। इसका अर्थ क्या हुआ? क्या मनुष्य मनुष्य नहीं है? जब वेद बनाया ही मनुष्य के लिए गया है तो फिर वेद को मनुष्य से ही ऐसा कहने की आवश्यकता क्यों पड़ी? यदि इस बात पर विचार किया जाए तो पता चलता है कि सच यही है कि वेद बनाया तो मनुष्य के लिए ही गया है परन्तु मनुष्य

मनुष्य होकर भी मनुष्य नहीं है। मनुष्य पशु रूप में उत्पन्न हुआ है। वह मानव तब तक नहीं बनता, जब तक कि उसे मनुष्यों का साथ न मिले और उसमें मनुष्यता समाविष्ट न हो जाए। यह मनुष्यता ही मानव का धर्म है। इसी मनुष्यता से मनुष्य जब प्रेरित होकर कार्य करता है तो वह संसार का उत्कृष्ट मानव बन जाता है। इस प्रकार बात स्पष्ट हुई कि धर्म मनुष्य को धारता है, धारण करता है। मनुष्य के रूप में घूमते हुए भेड़िया को धर्म मनुष्य बनाता है। जबकि मज़हब मनुष्य को भेड़िया बना देता है।

धर्म मनुष्य के जीवन के निर्माण में सहायक बनता है। अतः धर्म से हीन मानव कभी भी सच्चे अर्थों में मानव नहीं बन सकता। मानव वही है जो धर्म की बात करता हो, धार्मिक हो और धर्म के अनुसार जीवन यापन करने में विश्वास रखता हो। जो मननशील होकर विचारपूर्वक कार्य करने में विश्वास रखता है और कार्य के परिणाम पर भी विचार करके अपना कार्य आरम्भ करता है। संसार में जितने भी सम्प्रदाय हैं वे सब मानवतावाद की बात करते हैं, मनुष्यता की बात करते हुए दिखाई देते हैं, ह्यूमैनिटी पर लम्बे चौड़े भाषण मुल्ले-मौलवी, पादरी, फादर सब देते हुए दिखाई देते हैं, परन्तु वेद की मानव निर्माण योजना को साकार करने वाले उपरोक्त निर्देश पर काम करने में सब शून्य होते हैं। कोई भी यह नहीं सोचता कि हम कार्य के आरम्भ में ही कार्य के परिणाम पर विचार कर लेंगे और केवल वही काम करेंगे जो मानवता के हित में होगा, जो मनुष्य मात्र और प्राणी मात्र के हित में होगा, परमपिता परमेश्वर की आज्ञाओं के अनुकूल होगा और सृष्टि के नियमों को चलाने में सहायक होगा।

आज का तथाकथित सभ्य मानव मज़हब के नाम पर लड़ तो रहा है, परन्तु धर्म के इस नैसर्गिक नियम को सार्वजनीन और सार्वभौम बनाने के लिए कार्य करता हुआ नहीं दिखाई दे रहा।

सहयोग, सहिष्णुता, संवेदनशीलता, सद्भाव, करुणा, दया, क्षमा, परस्पर प्रीति आदि ये सभी गुण मानवीय गुण कहलाते हैं। क्योंकि ये मानव धर्म के अनिवार्य अंग हैं। मज़हब और सम्प्रदायों ने इन्हीं मानवीय गुणों की चादर ओढ़कर मानव को ठगा है, लूटा है, मानवता को अपयश का भागी बनाया है। विश्व इतिहास को आप उठाकर देख लीजिए उसमें 90% युद्ध इन मज़हब और सम्प्रदायों ने ही करवाए हैं। इतना ही नहीं, आज भी संसार इन्हीं मज़हबी उग्रवादी संगठनों के कारण अपने आपको आतंकित और भयभीत अनुभव करता है। ईसाइयत को मानने वाले विश्व को लूटने चले तो उसका एकमात्र कारण केवल यही था कि वह अपने मज़हब को संसार का मज़हब बना देना चाहते थे। उसका

उन्माद उनके मन-मस्तिष्क पर इस प्रकार चढ़ चुका था कि उसे वह संसार की सबसे उत्तम व्यवस्था मान रहे थे।

इस्लाम ने भी जब आँखें खोलीं तो उसने भी संसार में कुफ्र मचाने को ही प्राथमिकता दी। जिससे संसार उसके झण्डे के नीचे आ जाए। इस्लामिक आतंकवाद आज भी इसी सोच पर कार्य कर रहा है। आज भी संसार में जितने भर भी आतंकी संगठन हैं, उन सबके पीछे मज़हबी उन्माद प्रमुखता से कार्य कर रहा है। ये मज़हबी आतंकी संगठन संसार में आग लगा देना चाहते हैं और संसार के लोगों का रक्तपात करने में उन्हें आनन्द आता है। मज़हबी उन्माद को लेकर लोग संसार में आतंकी संगठनों की स्थापना करते हैं और उसके लिए कार्य करते हैं। इतना ही नहीं, मज़हबी देश उन आतंकी संगठनों को किसी-न-किसी प्रकार का संरक्षण भी देते हैं। इसके उपरान्त भी लोगों को भ्रमित करने के लिए एक मुहावरा गढ़ लिया गया है कि 'आतंकवादी का कोई मज़हब नहीं होता। जो व्यक्ति चौबीसों घण्टे मज़हब के लिए काम कर रहा है और मज़हब के स्वभाव के अनुकूल समाज व संसार में आग भी लगा रहा है, यदि मज़हब उसका नहीं है तो फिर मज़हब है किसका?

'आतंकवादी का कोई मज़हब नहीं होता' यह मुहावरा भी बहुत समझदारी के साथ गढ़ा गया है। क्योंकि इस मुहावरे की आड़ में मज़हब का दानवीय स्वरूप सुरक्षित बना रहता है और यह झूठ समाज में चलता रहता है कि 'मज़हब नहीं सिखाता आपस में बैर रखना।' इस्लामिक आतंकवादियों की सोच है कि सारे संसार का इस्लामीकरण हो जाए, संसार में कोई भी व्यक्ति ऐसा ना रहे जो गैर मुस्लिम हो। सब मुस्लिम हो जाएँ।

जहाँ हर व्यक्ति की सोच ऐसी हो कि वह विपरीत मतावलम्बी व्यक्ति को मानव ही नहीं समझ रहा हो और उसकी निजता को समाप्त करने की युक्तियों में लगा हुआ हो, वहाँ पर यह नहीं कहा जा सकता कि 'मज्जहब नहीं सिखाता आपस में बैर रखना।'

हमारा मानना है कि इसके स्थान पर अब हमें यह कहना चाहिए कि 'मज़हब ही तो सिखाता है आपस में बैर रखना।' बस, इसी विचार को लेकर इस पुस्तक का निर्माण हुआ है।

मूल रूप में मेरी यह एक लघु पुस्तिका के रूप में आई थी जिसकी मांग इतनी बड़ी की कई स्थानों पर बड़ी संख्या में इसे लोगों ने अपने खर्चे से छपवा छपवाकर बांट दिया। तब इसको और विस्तार देने का निर्णय मेरे द्वारा लिया गया।

आज का वैज्ञानिक युग है। पर्यावरण सन्तुलन को मानव की मूर्खताओं के कारण सन्तुलित रखना अब बड़ा कठिन होता जा रहा है। कारण कि इस्लाम ने पशुओं में आत्मा नहीं मानी। इसलिए उनका वध कर करके उन्हें खाना इसकी मज़हबी प्रकृति बन चुकी

है। ऐसा नहीं है कि हिन्दुओं में मांसाहारी नहीं हैं। वैदिक धर्म से विपरीत लोगों ने यहाँ भी पशुओं को मारकर खाने की अमानवीय प्रकृति को अपना लिया है और वह भी पर्यावरण सन्तुलन को बिगाड़ने में बड़ी भारी सहायता कर रहे हैं। एक आंकलन के अनुसार 75000 जीव-जन्तुओं की प्रजातियाँ इस धरती से धरतीपुत्र कहा जाने वाला मानव चट कर चुका है। अन्ततः ऐसा क्यों हुआ?

इस पर विचार करते हैं तो पता चलता है कि तार्किकवाद में विश्वास रखने वाले आज के इस वैज्ञानिक युग में भी ईश्वर और ईश्वरीय शक्ति का उपहास बनाने वाले लोग पर्याप्त मात्रा में हैं। भौतिकवादी विज्ञान की प्रगति ने संसार में नास्तिकवाद को फैलाया है। क्योंकि भौतिकवाद की प्रगति से मानव का अहंकार बढ़ता है। इस समय संसार में आध्यात्मिक उन्नति लगभग शून्य की अवस्था में है। आध्यात्मिक उन्नति से मनुष्य अहंकारशून्य होता है और उसके भीतर आस्तिकवाद प्रबलता से बढ़ता है। भौतिकवादी उन्नति करने वाले लोगों पर मज़हबी मान्यताओं का रंग चढ़ा हुआ है, जिनके आधार पर ये लोग ऐसे ही संसार का निर्माण करा रहे हैं, जैसी कि इनकी सोच और मान्यताएँ हैं। ऐसा होना स्वाभाविक भी है। क्योंकि यदि इनका घर ऐसी मान्यताओं से बना हुआ है तो संसार भी ऐसी ही मान्यताओं से बनेगा। हमें यह ध्यान रखना चाहिए कि घर से संसार बना करता है, संसार से घर कदापि नहीं बना करता।

यह कितनी मूर्खतापूर्ण अवधारणा है कि जहाँ करोड़ों लोग एक ही धार्मिक मान्यता को मानने वाले हों, वहाँ भी यह अपेक्षा रखी जाती है कि इस अवधारणा अथवा मान्यता को आप व्यक्तिगत रखें कि वास्तव में ऐसा हो ही नहीं सकता। क्योंकि उनकी वह मज़हबी परम्परा करोड़ों लोगों में मान्यता प्राप्त करके एक कानून बन चुकी होती है।

'बकर-ईद' पर मुस्लिम लोगों द्वारा कुर्बानी दी जाती है, यह मान्यता उसी परम्परा का एक उदाहरण है। आप बताइए, इस संसार का कौन सा कानून इस मान्यता को व्यक्तिगत रखने में सफल रहा है? मज़हबी मान्यताएँ करोड़ों लोगों की आस्था और विश्वास पर टिकी होती हैं, जिन्हें कोई भी शासन सत्ता बदलने या उनमें किसी प्रकार का संशोधन करने से पहले एक बार नहीं सौ बार सोचती है। इसीलिए यह कुर्बानी करोड़ों पशुओं की जान की ग्राहक हर वर्ष बन जाती है। इस मान्यता को आप व्यक्तिगत रख ही नहीं सकते। अतः जो लोग यह कहते हैं कि मज़हब की मान्यताओं को व्यक्तिगत स्तर पर अपनाएँ, वह भी शब्दों का भ्रमजाल मात्र फैलाते हैं।

भारतवर्ष में गाय को हिन्दुओं के द्वारा पूजित माना जाता है, जबकि मुस्लिमों के द्वारा उसकी बलि देना श्रेष्ठ माना जाता है। फलस्वरूप दोनों वर्गों में तनाव का कारण यह मज़हबी

मान्यता प्रायः बनती रहती है। इस तनाव को पैदा करने का कारण यह मज़हबी उन्माद ही तो है। यदि मुस्लिम मज़हब से ऊपर उठकर पर्यावरण संतुलन को दृष्टिगत रखते हुए और गाय की उपयोगिता को संज्ञान में लेकर बात करें तो गाय उनके लिए भी उतनी ही पूजनीय है, जितनी हिन्दुओं के लिए है पर वह ऐसा करते हुए देखे नहीं जाते।

नोएडा सेक्टर 8 में स्थित जामा मस्जिद के इमाम मुफ्ती खलील अहमद कासमी का 'दैनिक जागरण' 2 फरवरी सन् 2004 में प्रकाशित लेख हमारी इस मान्यता को बल प्रदान करता है। उन्होंने उक्त लेख में भेड़, बकरी, गाय, बैल, भैंस, भैंसा और ऊँट की कुर्बानी को हलाल अर्थात् दुरुस्त माना है। अब जब ये लोग गाय की बलि को दुरुस्त कहेंगे और हिन्दू इसे नाजायज कहेंगे तो परिणाम क्या होगा? आप भली-भाँति जानते हैं। अतः ऐसे में सरकारों को अपने स्तर पर हस्तक्षेप करना चाहिए। कठोर कानून बनाना चाहिए और जो लोग पर्यावरण सन्तुलन को बिगाड़ते हुए पाए जाते हैं या निजी मज़हबी मान्यताओं के आधार पर संसार को तनाव या आतंक में झोंकना चाहते हैं, उनके विरुद्ध कठोर कार्यवाही की जानी चाहिए।

यदि आप उपरोक्त इमाम को कहें कि शेर, चीता आदि हलाल हैं कि नहीं? तो इस पर इमाम साहब तौबा तौबा करते हुए कानों पर हाथ रखते हैं। इसका कारण केवल यही है कि शेर, चीता आदि मारने के लिए यदि कोई चला भी गया तो चीता और शेर के बारे में निश्चित है कि वे उस मारने वाले को हलाल कर देंगे। पता चला कि जो स्वयं निरीह प्राणी हैं, असहाय हैं और अपनी सहायता करने में सक्षम नहीं हैं, ये लोग उन्हीं को मारकर खाने की बात करते हैं, जो कि और भी अधिक पाप है।

आज आवश्यकता मज़हबी मान्यताओं के परिष्कार की है। यह देखना है कि मज़हबी मान्यताओं से संसार का, समाज का, मानव का और प्राणीमात्र का कितना लाभ हो रहा है? जो लोग आज भी किसी धार्मिक मान्यता को केवल इसलिए प्राथमिकता देते हैं कि इससे किसी वर्ग विशेष की भावनाएँ आहत होंगी और इस प्रकार आहत होती भावनाओं से उन्हें आनन्द आता है तो उनको यह समझ लेना चाहिए कि उन्होंने इतिहास के उस क्रूर काल से कोई सीख नहीं ली है, जिसने मज़हब के आधार पर कितने ही युद्ध कर-करके रक्त की नदियाँ बहा दी थीं। मानवता का अहित करने के अतिरिक्त इस प्रकार के युद्धों का परिणाम क्या निकला? कहने का अभिप्राय है कि मनुष्य को इतिहास से शिक्षा लेनी चाहिए और यह समझना चाहिए कि जो चीजें अतीत में निरर्थक सिद्ध हुई हैं, उन्हें आज भी अपनाये रखना बहुत बड़ी भूल है।

आज के वैज्ञानिक युग में निरर्थक बातों को पीछे छोड़कर सार्थक बातों पर चिन्तन या

विचार-विमर्श चलना चाहिए और मानवता को लाभान्वित करने वाले मानवीय मूल्यों को स्थापित करने के लिए काम होना चाहिए।

'खुदा' के नाम पर उसकी खुदाई को नष्ट करना कोई धार्मिकता नहीं है। जो लोग खुदा के नाम पर उसकी खुदाई को नष्ट करने का काम करते हैं। वास्तव में वे नास्तिक होते हैं, मज़हबी होते हैं, परन्तु धार्मिक कदापि नहीं होते, जिसे खुदा की मखलूक से अर्थात् सृष्टि से प्यार नहीं, जिसे खुदा की बनाई हुई चीजों से प्यार नहीं, वह सचमुच खुदा का बंदा भी नहीं कहा जा सकता। आज आवश्यकता मज़हबी 'अफीम' के नशे को उतारकर मानवता के नशे को चढ़ाने की है। इसी से सभ्य समाज का निर्माण सम्भव है। उन्माद के स्थान पर प्यार और घृणा के स्थान पर करुणा को अपनाना समय की आवश्यकता है।

सभी धर्माचार्यों, धार्मिक विद्वानों, मौलवियों, पादरियों, पंडितों और समाज के जागरूक नागरिकों का कर्त्तव्य है कि वह अपने-अपने मज़हब की मान्यताओं का मानवीय और मानवोचित अर्थ निकालकर समाज में नए वातावरण को बनाने में सहयोग करें। इसी से भव्य भारत का निर्माण संभव हो सकेगा। भारत को विश्वगुरु बनाने के लिए हमें भारत की मानवीय संस्कृति का प्रचार-प्रसार करने का संकल्प लेना चाहिए और अपने व्यक्तिगत स्वार्थों को त्यागकर मानवतावादी दृष्टिकोण अपनाकर कार्य करने की सोच विकसित करनी चाहिए।

पाठकवृन्द! वास्तव में मेरे द्वारा यह पुस्तक लघु पुस्तिका के रूप में 2004-05 में प्रकाशित कराई गई थी। मैं तभी से सोचा करता था कि इस विषय को थोड़ा और विस्तार दिया जाए। वैसे भी इस पुस्तक को उस समय बहुत अधिक लोकप्रियता प्राप्त हुई थी। कई लोगों ने हजारों लाखों की संख्या में इसकी प्रतियाँ छपवाईं और बाँटी, जिससे मुझे लगा कि इस विषय की बहुत अधिक आवश्यकता है। अब इसी विषय को विस्तार के साथ इस पुस्तक के माध्यम से आपके कर कमलों तक पहुँचाने का प्रयास किया गया है।

हमने यह पुस्तक किसी भी वर्ग या सम्प्रदाय के विरुद्ध नहीं लिखी है। प्रयास किया गया है कि सच को सच के रूप में प्रस्तुत किया जाए। हमारा उद्देश्य केवल एक है कि हम श्रेष्ठ समाज की संरचना के लिए गलतियों को सुधारें और इतिहास से शिक्षा लेते हुए वर्तमान को सँवारने का काम करें।

पुस्तक का यह नया संस्करण है जिसमें पिछले संस्करण की कुछ कमियों को दूर करने का प्रयास किया गया है और कुछ नए तथ्य भी डाले गए हैं। जिससे पाठकों की ज्ञान वृद्धि हो सके।

पुस्तक प्रकाशन के लिए 'डायमंड पॉकेट बुक्स' के चेयरमैन श्री नरेंद्र कुमार वर्मा जी

का विशेष रूप से धन्यवाद करता हूँ, जिन्होंने इस पुस्तक के नए संस्करण को यथाशीघ्र पाठकों के हाथों तक पहुँचाने का पवित्र कार्य किया है।

अन्त में उस परमपिता परमेश्वर का भी धन्यवाद ज्ञापित करता हूँ जिनकी असीम अनुकम्पा से पुस्तक लेखन का यह पवित्र कार्य मेरे द्वारा हो पा रहा है। उसकी कृपा का मैं और मेरा परिवार हृदय से ऋणी है। साथ ही मैं अपने पूज्य माता-पिता स्वर्गीय श्रीमती सत्यवती आर्या जी और महाशय राजेंद्रसिंह आर्य जी, ज्येष्ठ भ्रातागण स्व. प्रो0 विजेन्द्रसिंह आर्य, मेजर वीरसिंह आर्य, श्री देवेंद्रसिंह आर्य एडवोकेट (अध्यक्ष उगता भारत समाचार पत्र) अपनी अर्धांगिनी श्रीमती ऋचा आर्या व अपने परिजनों, प्रियजनों, मित्रों और सुबुद्ध पाठकों का भी हृदय से ऋणी हूँ, जिनके शुभाशीर्वाद और प्रेमपूर्ण सहयोग से मेरा यह कार्य अनवरत चल रहा है।

आशा करता हूँ कि यह पुस्तक भी मेरी अन्य पुस्तकों की भाँति आपके आनन्द में वृद्धि करेगी और आपका शुभाशीर्वाद मुझे अवश्य प्राप्त होगा।

भवदीय:

डॉ. राकेश कुमार आर्य
दयानंद स्ट्रीट, सत्यराज भवन, (महर्षि दयानंद वाटिका के पास)
निवास : सी ई 121, अंसल गोल्फ लिंक-2, तिलपता चौक, ग्रेटर नोएडा,
जनपद-गौतमबुद्धनगर, पिन 201309 उत्तर प्रदेश, (भारत)
चलभाष : 9911169917
Email : ugtabharat@gmail.com

विषय सूची

अध्याय-1

मज़हबी अफीम से हुआ देश बर्बाद

मज़हब को कुछ लोगों ने 'अफीम' की संज्ञा दी है। यद्यपि ऐसा कहने वाले लोगों ने मज़हब को धर्म का समानार्थक या पर्यायवाची मानकर अपनी ऐसी धारणा व्यक्त की है, परन्तु सत्य यह है कि मज़हब और धर्म में जमीन आसमान का अन्तर है। मज़हब सचमुच एक 'अफीम' है और एक ऐसा नशा भी है जो मानव को मानव नहीं रहने देता और उसे शैतान बनाकर उससे हर वह नीच कार्य कराता है, जिसकी मनुष्य से कल्पना तक नहीं की जा सकती। मनुष्य के द्वारा किए गए ऐसे नीच कर्मों से विश्व इतिहास भरा पड़ा है, जिनके कारण मानवता का बहुत भारी अहित हुआ है।

मज़हबी अफीम से हुआ देश बर्बाद।
मानवता हुई मौन है दानवता का नाद।।

यह बात भी विचारणीय है:-

मज़हब कारण विनाश का बात बाँध लो गाँठ।
धर्म प्रतीक विकास का दे मानवता का पाठ।।

यह मज़हब मनुष्य को 'हिन्दू' बनाता है, 'मुसलमान' बनाता है, 'सिख' बनाता है, 'ईसाई' बनाता है, पर 'इंसान' कभी नहीं बनाता। जबकि 'धर्म' मनुष्य को मज़हबी अर्थात सांप्रदायिक न बनाकर धार्मिक बनाता है और उसे मनुष्य से देवता बनने का मार्ग बताता है। यही कारण है कि मज़हब जहाँ विनाश का ताण्डव मचाता है, वहीं धर्म विकास की ठण्डी-ठण्डी बयार बहाकर मानवता का सृजन करता है। जो लोग मनुष्य को मज़हबी दृष्टिकोण से देखते हैं, वे उसमें हिन्दू, मुस्लिम, सिख, ईसाई के दर्शन करते हैं। देखने वाले का यह दृष्टिकोण वास्तव में मानवीय गरिमा के प्रतिकूल है। मनुष्य मनुष्य को मनुष्य ही देखे और मनुष्य ही समझे-इसी में आनन्द है। क्योंकि इस प्रकार के उसके दृष्टिकोण में व्यापकता

झलकती है। उसकी संकीर्णता का लोप हो जाता है और वह सही दृष्टिकोण से अपने मानव समाज का अवलोकन कर सकता है।

धर्म की दृष्टि दिव्य है दिव्य धर्म का तेज।
मनुष्यता बिन धर्म के हो जाती निस्तेज।।

किया राजनीति का अपराधीकरण

मज़हब ने पिछले लगभग 2000 वर्ष से मानवता को उत्पीड़ित किया हुआ है। मज़हब का आतंकवाद संसार में उतना ही पुराना है, जितनी मज़हबी मान्यता पुरानी है। बहुत देर तक संसार को उत्पीड़ित करने वाले इस मज़हब को पश्चिम के चिन्तकों ने और इनके पश्चात् कम्युनिस्ट विचारधारा ने 'अफीम' की संज्ञा इसीलिए दी कि इसके चलते संसार में शान्ति स्थापित नहीं हो सकती। वास्तव में मज़हबी विचारधारा ने ही नास्तिकवाद को संसार में फैलने दिया है। धर्म की हत्या करके मज़हब ने संसार का बहुत भारी अहित किया है। क्योंकि जिन लोगों ने मज़हब के भूत को समाज में नंगा नाचते देखा और अनेक निरपराध लोगों के खून में स्नान करते देखा, उनकी धारणा यह बन गई कि मज़हब एक जानलेवा बीमारी है, जिससे दूरी बनाकर रहना ही उचित है। यही कारण है कि लोग मज़हब और राजनीति को भी अलग-अलग करके देखने की बात करते हैं। मज़हब क्योंकि खूनी है इसलिए इस खूनी ने राजनीति को भी खूनी अर्थात् अपराधी बना दिया है। राजनीति का अपराधीकरण करने में मज़हब ने बहुत महत्वपूर्ण भूमिका निभाई है। जिससे मज़हब अपराधियों का ही राजनीतिकरण करने में भी सफल हो गया है।

मज़हब को कुछ लोगों ने व्यक्ति का निजी मामला भी बताया है। यद्यपि हम उनकी इस प्रकार की मान्यता को भी उचित नहीं मानते, क्योंकि व्यक्ति की निजी सोच और उसका निजी चिन्तन यदि उन्मादी है, दम्भ से भरा हुआ है और उसमें एक-दूसरे के प्रति घृणा का भाव है तो सामाजिक जीवन पर इस प्रकार की सोच, चिन्तन और भाव का प्रभाव पड़े बिना नहीं रह सकता।

परिणामस्वरूप मनुष्य की ऐसी मानसिकता से जो समाज बनेगा, उसमें अराजकता का और असहिष्णुता का भाव स्पष्ट रूप से झलकेगा। हमें यह बात ध्यान रखनी चाहिए कि अराजकता व असहिष्णुता से भरे समाज को मानवीय समाज कभी नहीं कहा जा सकता। ऐसे में भारत का यह चिन्तन ही उचित है कि व्यक्ति की निजी सोच और निजी चिन्तन अत्यन्त उच्च और पवित्र होना चाहिए। क्योंकि व्यक्ति की निजी सोच और निजी चिन्तन की पवित्रता से ही पवित्र और आदर्श समाज की स्थापना की जानी सम्भव है। यदि

व्यक्तिगत जीवन में हम किसी मज़हब की संकीर्ण सोच से प्रेरित होकर कार्य करेंगे तो उस मज़हबी संकीर्ण सोच का प्रभाव हमारे व्यक्तित्व व कृतित्व दोनों पर समान रूप से दिखाई देगा। जिसका परिणाम यह होगा कि हम समाज में अपने मज़हबी संकीर्ण दायरे को साथ लेकर घूमते रहेंगे, जिससे समाज अराजकता का शिकार बनेगा। आज समाज में जितनी भी उथल-पुथल, अफरातफरी, अस्तव्यस्तता या अराजकता है, वह मनुष्य के सांप्रदायिक दृष्टिकोण के कारण है।

दूषित चिन्तन से बने दूषित सर्व समाज।
रोग-शोक में डूबकर मिट जाते हैं राज।।

और यह भी कि -

त्याग दीजिए नीचता धर्म करो स्वीकार।
कर्तव्य-भाव अपनाइये करेगा भव से पार।।

ऐसे में हमारा यह स्पष्ट मानना है कि मज़हब को व्यक्ति का निजी विषय घोषित करने की आवश्यकता नहीं थी, अपितु मानव की सोच को मानवीय बनाने की आवश्यकता थी। जबकि मज़हब को मानने वालों ने इस प्रकार की धारणा को स्थापित नहीं होने दिया। जिसका परिणाम यह हुआ कि समाज व्यक्ति की निजी सोच से हाँका जाने लगा। संसार में जितने भी तानाशाह और उग्रवादी सुल्तान या बादशाह हुए हैं, उन सभी ने किसी विशेष मज़हब की अपनी निजी सोच को समाज व संसार के सभी लोगों पर जबरन लादने व थोपने का प्रयास किया है, जिससे सारे संसार में अराजकता और उग्रवाद फैला।

यह बहुत ही अनुचित, अतार्किक और अवैज्ञानिक धारणा है कि व्यक्ति सोच को तो उग्रवादी और दानवीय रखे और उससे अपेक्षा यह की जाए कि वह मानवीय कार्य करेगा। यह कुछ-कुछ वैसे ही है जैसे आजकल के युवाओं को ब्रह्मचर्य की शिक्षा से तो दूर रखा जाए, परन्तु उनसे अपेक्षा यह की जाए कि वह समाज में कुछ भी ऐसा अनैतिक व अनुचित नहीं करेंगे, जिससे समाज में बहन-बेटियों का सम्मान सुरक्षित रखने में किसी प्रकार की कठिनाई उत्पन्न होती हो।

इकबाल ने अपनी प्रसिद्ध कविता 'सारे जहाँ से अच्छा हिन्दोस्ताँ हमारा' -में लिखा है-

'मज़हब नहीं सिखाता, आपस में वैर रखना।
हिन्दी हैं, हम वतन हैं, हिन्दोस्ताँ हमारा।।'

कवि अल्लामा इकबाल की उर्दू की देश-प्रेम की इस कविता को कांग्रेस ने बंकिम चन्द्र चटर्जी के 'वन्देमातरम' गीत से भी अधिक प्रमुखता देने का प्रयास किया। कांग्रेस ने ऐसा केवल मुस्लिम तुष्टिकरण की अपनी विनाशकारी नीति के कारण किया। ध्यान रहे कि यह इकबाल वही थे जो देश तोड़ने के नाम पर जिन्ना के साथ चले गए थे। जब वह जिन्ना के साथ भारत छोड़कर जा रहे थे, तब उन्हें एक बार भी याद नहीं आया कि जिस हिंदुस्तान को तू छोड़ रहा है वह "सारे जहाँ से अच्छा है।" वह सारे जहाँ से अच्छे हिंदुस्तान को छोड़कर उस पाकिस्तान के लिए चल दिये थे जो आज आतंक-स्थली बन चुका है। उन पर स्वयं पर मज़हब का रंग इतना गहरा चढ़ा कि वे हिन्दुस्तान के प्रति अपनी आस्था को भूल गए।

यह केवल इसलिए संभव हुआ कि उनके भीतर सांप्रदायिकता कूट-कूट कर भरी हुई थी अर्थात मज़हबी सोच के कारण उन्होंने अपने ही देश से घृणा करना स्वीकार कर लिया। वह अपने उस शपथपत्र या वचनपत्र को भी भूल गए, जो उन्होंने 'सारे जहाँ से अच्छा हिंदुस्ताँ हमारा' गाकर माँ भारती को सौंपा था। इस एक उदाहरण से ही पता चल जाता है कि मज़हब और मज़हबी सोच मनुष्य के लिए कितनी घातक होती है?

अब जो व्यक्ति स्वयं ही मज़हब में अंधा होकर देश के प्रति अपनी आस्था को भूल गया हो, उसके गीत का क्या प्रभाव पड़ना था? – यह सहज ही अनुमान लगाया जा सकता है।

मज़हब नहीं है एक पवित्र अवधारणा

कुछ लोगों की दृष्टि में मज़हब एक पवित्र अवधारणा है। यह अत्यन्त सूक्ष्म, भावनात्मक सूझ, विश्वास और श्रद्धा है। मूलतः अध्यात्म के क्षेत्र में ईश्वर, पैगम्बर आदि के प्रति मन की श्रद्धा या विश्वास पर आधारित धारणात्मक प्रक्रिया ही मज़हब है। यह बाह्य आडम्बरों, वैर-भाव, अन्धविश्वास आदि से ऊपर है।'

हमारा मानना है कि मज़हब को किसी भी दृष्टिकोण से एक पवित्र अवधारणा कहा जाना मूर्खता है। पवित्र अवधारणा धर्म शब्द में अन्तर्निहित है, जो मनुष्य का मनुष्य से ही नहीं बल्कि प्राणिमात्र के साथ भी उसका ऐसा पवित्र सम्बन्ध स्थापित करती है कि वह सभी प्राणधारियों का संरक्षक बन जाता है। जबकि मज़हब मानव के द्वारा अन्य प्राणियों के उद्धार करने की तो बात छोड़िए यह तो मनुष्य को मनुष्य के रक्त का ही प्यासा बना देता है। इस्लाम जब से भारत में आया तभी से उसने यहाँ पर रक्तपात और नरसंहारों के कीर्तिमान स्थापित करने को ही अपना सबसे बड़ा मज़हबी कर्त्तव्य माना है। भारत से

बाहर भी इस्लाम की तलवार ने मज़हबी नरसंहार किए हैं। इतना ही नहीं ईसाइयत ने भी अपने मज़हब के प्रचार-प्रसार के लिए बड़ी भारी संख्या में विपरीत धर्मावलंबी लोगों का कत्लेआम किया है। जबकि एक धार्मिक व्यक्ति ऐसी सोच से कोसों दूर रहता है, जिसमें नरसंहार या रक्तपात करने की सोच सम्मिलित हो।

स्पष्ट है कि मज़हबी व्यक्ति का सारा चिन्तन और सारा ध्यान नकारात्मकता या विध्वंसात्मक प्रवृत्ति में व्यय होता है, जबकि एक धार्मिक व्यक्ति का सारा चिन्तन सकारात्मकता या सृजनात्मकता में व्यय होता है। मज़हबी व्यक्ति विनाशकारी प्रवृत्तियों में लिप्त रहता है, जबकि एक धार्मिक व्यक्ति संसार से विनाशकारी या विध्वंसक शक्तियों के विनाश में लिप्त रहता है। पहला व्यक्ति मज़हबी तलवार में शान्ति खोजता है तो दूसरा अहिंसा की बयारों में, प्रेम की फुहारों में और सत्य की बौछारों में शांति खोजता है।

मज़हब मग्न विनाश में करता सब से बैर।
धर्म पुजारी है प्रेम का माँगे सबकी खैर।।

और यह भी कि:-

सत्य, अहिंसा, प्रेम का करो नित्य व्यापार।
मज़हबी भाव मिटाइये करता नरसंहार।।

यदि मज़हब धर्म का समानार्थक होता तो भारत का मज़हब के नाम पर कभी भी विभाजन नहीं होता और यदि इकबाल व उनके अन्य साथी मज़हब की इसी पवित्र विचारधारा में विश्वास रखते कि मज़हब मनुष्य को मनुष्य से जोड़ता है तो वह मज़हब के नाम पर बनने वाले पाकिस्तान का नागरिक बनना कभी स्वीकार नहीं करते। अल्लामा इकबाल जैसे लोगों ने मज़हब के विनाशकारी स्वरूप को तो स्वीकार किया पर धर्म की प्रेम रूपी गंगा में स्नान करना उचित नहीं माना।

जिस अल्लामा इकबाल ने 'मज़हब नहीं सिखाता आपस में बैर रखना'-का गीत गाया, उसी के सामने हजारों लाखों हिन्दुओं का कत्लेआम मज़हब के नाम पर हुआ और गांधी, नेहरू व जिन अन्य कांग्रेसियों ने अल्लामा इकबाल के इस गीत को 'वन्देमातरम' से भी कहीं अधिक प्रमुखता देकर इसे भारत के लोगों के लिए सबसे अधिक स्वीकार्य बनाने का प्रयास किया, उनके सामने हिन्दू बहन-बेटियों की छातियाँ काटी गईं। यह अलग बात है कि इस सबके उपरान्त भी गांधी-नेहरू व उनके कांग्रेसी साथियों के लिए इकबाल का यह गीत आदर्श बना रहा।

राम जन्मभूमि मुक्ति के लिए उठाए अनेक कष्ट

हमारे देश में ऐसे अनेक लोग हैं जो मुगलों को धर्मनिरपेक्षता का प्रतीक मानते हैं। ऐसा कहते समय ये लोग इस तथ्य की उपेक्षा करते हैं कि इन्हीं मुगलों के शासन का आरम्भ करने वाले बाबर के द्वारा 1528 ई. में मर्यादा पुरुषोत्तम श्रीरामचन्द्र जी का अयोध्या स्थित मन्दिर केवल मज़हब के नाम पर भूमिसात कर दिया गया था। तब से लेकर 1947 तक और 1947 से लेकर 5 अगस्त 2019 तक मर्यादा पुरुषोत्तम राम की जन्मभूमि को प्राप्त करने के लिए हिन्दुओं ने कितने कष्ट उठाए और कितने बलिदान दिए? उन कष्टों और बलिदानों को देखकर एक भी धर्मनिरपेक्ष मुगल या किसी मुसलमान का कलेजा नहीं पसीजा। वे निरन्तर मज़हबी कट्टरता का परिचय देते हुए बाबरी मस्जिद के ही गीत गाते रहे और उनकी हाँ में हाँ मिलाते रहे।

यदि मज़हब वास्तव में ही बैर करना नहीं सिखाता है तो 1528 ई. के पश्चात् जितनी देर भारत में मुगलों का शासन रहा, उस काल में किसी न किसी मुगल शासक के हृदय में यह बात अवश्य आ जाती कि मज़हबी उन्माद के चलते यदि श्री रामचन्द्र जी के मन्दिर के स्थान पर बाबरी मस्जिद बना दी गई है तो इसे हिन्दू समाज को फिर से मन्दिर निर्माण के लिए ससम्मान लौटा दिया जाए। पर ऐसा हुआ नहीं, क्योंकि मज़हब नाम का जो कीटाणु 1528 ई. में मुगलों के मन-मस्तिष्क में घुसा था, वह उनके शासनकाल की शेष अवधि में तो यथावत बना ही रहा, उसके पश्चात् भी आज तक यथावत बना हुआ है। यदि देश में सामाजिक समरसता उत्पन्न करना मुगलों का उद्देश्य होता तो वह सांप्रदायिक सोच का परिचय देते हुए किसी भी हिन्दू धर्म स्थल का विध्वंस नहीं करते और ना ही मज़हब के नाम पर महिलाओं का यौन शोषण करते। वह मानवतावादी दृष्टिकोण अपनाकर यह घोषित करते कि हमारे लिए मानवता सर्वोपरि है और हम हिन्दुत्व की उन सभी अच्छाइयों को स्वीकार करते हैं जो मानवतावादी सोच को प्रोत्साहित करते हैं। यदि मुगलों के द्वारा ऐसी विशालहृदयता का परिचय दिया जाता तो निश्चित रूप से उनके विरुद्ध हिन्दुओं के द्वारा एक भी विद्रोह नहीं किया जाता।

स्वतंत्र भारत में मुगलों के मानस पुत्र के रूप में अपनी छवि बना चुके कांग्रेसी व कम्युनिस्ट भी अयोध्या स्थित राम जन्मभूमि पर बनी बाबरी मस्जिद को ही भारत की धर्मनिरपेक्षता की मिसाल के रूप में स्थापित करने का प्रयास करते रहे हैं। इतना ही नहीं, कांग्रेस ने तो रामचन्द्रजी के अस्तित्व पर भी प्रश्नचिह्न लगा दिया। स्पष्ट है कि काँग्रेस व उसके विचार से सहमत भारत के अन्य धर्मनिरपेक्ष राजनीतिक दल यदि बाबरी मस्जिद की वकालत कर रहे थे या भारत के धर्मनिरपेक्ष स्वरूप को बनाए रखने के लिए रामचन्द्र

जी के अस्तित्व पर प्रश्नचिह्न लगा रहे थे तो वे ऐसा केवल मज़हब की तुष्टि के लिए कर रहे थे। जब राजनीति मज़हब की तुष्टि पर उतर आती है तो वह समाज में ऐसे कीटाणुओं को बिखेरती है जो सारे समाज के परिवेश को विषाक्त कर देते हैं।

राजनीति का धर्म है न्यायशील व्यवहार।
मति भंग मज़हब करे अनरथ की भरमार।।

इसके साथ यह भी विचारणीय हैं:-

राजनीति वेश्या बनी राष्ट्रधर्म गए भूल।
राष्ट्रनीति बिसरा दई कर दी मूल में भूल।।

सचमुच ऐसी राजनीति दिशाविहीन होती है जो समाज और देश के लिए घातक विचारधारा का भी अपने निजी स्वार्थ में पोषण करती है। ऐसी राजनीति देश के नागरिकों को न्याय नहीं दे पाती और वह पक्षपाती होने के कारण समाज व देश के लिए बोझ बन जाती है। ऐसी राजनीति के माध्यम से समाज में अनर्थ की भरमार होकर मानव समाज की मति भंग हो जाती है। वर्तमान भारत में जितनी भी सामाजिक मज़हबी विसंगतियों के आधार पर लोगों के बीच दूरी दिखाई देती हैं वे इसी प्रकार की दिशाविहीन राजनीति का परिणाम हैं। भारतीय लोकतंत्र और भारत के राजनीतिक लोगों की यही मूल में की गई भूल है।

राजनीतिज्ञों की दोगली राजनीति

भारतवर्ष के बारे में यह एक बहुत ही मनोरंजक तथ्य है कि जहाँ लोग अल्लामा इकबाल की उपरोक्त पंक्ति को बार-बार दोहरा कर यह कहते हैं कि 'मज़हब नहीं सिखाता आपस में बैर रखना' वहीं ऐसा कहने वाले लोग यह भी कहते हुए सुने जाते हैं कि मज़हब को राजनीति से दूर रखा जाए। अब यदि मज़हब आपस में बैर रखना नहीं सिखाता है तो फिर मज़हब को राजनीति से दूर करने की बात क्यों की जाती हैं? यदि मज़हब इतना ही पवित्र और सामाजिक समरसता को उत्पन्न करने वाला है तो फिर उसे राजनीति के साथ भी मिलाकर चलने में क्या आपत्ति है? यदि राजनीति को मज़हब ऐसी शिक्षा दे सकता है जो आपस में बैर न रखने की बातें करने के लिए प्रेरित करता हो तो इसमें बुराई क्या है? हमें ध्यान रखना चाहिए कि जो लोग मज़हब को राजनीति से दूर रखने की बात करते हैं वह अपना ऐसा वक्तव्य तभी जारी करते हैं जब हिन्दुत्व की बात करने वाला कोई नेता

राजनीति में हिन्दुत्व के उन आदर्श सिद्धांतों को लागू करने की बात करता है जिनके आधार पर मानवतावाद को पोषित किया जा सकता है। कहने का अभिप्राय है कि हिन्दुत्व की बातें यदि की जाएँगी तो इन्हें राजनीति और मज़हब को अलग-अलग करके देखने की आवश्यकता अनुभव होती है, और यदि इस्लाम के तुष्टीकरण की बात की जाएगी तो इन्हें 'मज़हब नहीं सिखाता आपस में बैर रखना' की रट लगाने का अवसर प्राप्त होता है।

सांप्रदायिक संकीर्णता है मज़हब का मूल।
देश-धर्म जाएँ भाड़ में बिखराता है शूल।।

हमें यह भी ध्यान रखना चाहिए कि यदि मुसलमान अपने किसी त्योहार पर गाय या बैल काटता है तो उसके पीछे उस त्योहार को मनाने की आस्था कम और हिन्दुओं को चिढ़ाने की मुसलमानों की भावना अधिक काम करती है। वास्तव में हिन्दुओं को चिढ़ाने की यह भावना भी मज़हब की तंग सोच के कारण पैदा होती है। मुसलमानों की इस तंग सोच को राजनीति आकर हवा देती है और उन्हें गाय या बैल काटने की अनुमति देकर अपनी नीचता का प्रदर्शन करती है।

वास्तव में स्वतन्त्रता के पश्चात् भारत में राजनीति मज़हब के सामने अपने आपको बौना समझती रही है। इतना ही नहीं कई बार तो वह मज़हब के कहे अनुसार नाच भी दिखाती रही है। जब सलमान रुश्दी ने साहस करके इस्लाम की वास्तविकता पर कुछ लिखा तो राजनीति यह कहने का साहस नहीं कर पाई कि सलमान रुश्दी ने जो कुछ लिखा है, वह सही लिखा है।

जब मुसलमानों ने सलमान रुश्दी के विरुद्ध फरमान जारी करने आरम्भ किए तो राजनीति ने उस समय भी अपना मुँह छिपाना ही उचित समझा। जबकि राजनीति को उस समय मज़हब की तंग दीवारों को गिराने के लिए या मज़हबी रूढ़िवाद पर प्रहार करने के लिए सामने आना चाहिए था। शाहबानो के मामले में तो राजनीति मज़हब के तलवे चाटती हुई दिखाई दी। जो लोग यह कहते आ रहे थे कि मज़हब और राजनीति को अलग-अलग होना चाहिए, वही उस समय इस बात की पैरोकारी करने लगे कि मज़हब और राजनीति को एक होकर शाहबानो पर हमला करना चाहिए। राजनीति भी पूरी बेशर्म निकली। उसने भी मज़हब के कंधों पर खड़े होकर एक 'अबला' पर आक्रमण किया और उस एक अबला के माध्यम से न जाने कितनी 'शाहबानो' निर्दयी राजनीति ने अपने एक ही तीर से मार डालीं।

कभी द्रौपदी के चीरहरण पर 'महाभारत' हो गया था, जबकि उस समय की राजनीति

में धर्म और शर्म दोनों ही थीं। पर आज की धर्महीन अर्थात् धर्मनिरपेक्ष और बेशर्म राजनीति स्वयं ही 'द्रौपदी' का 'चीरहरण' करने में लग गई।

बेशर्म सियासत हो गई धर्म से हो गयी हीन।
चीरहरण में लिप्त है हो करके मतिहीन।।

जो लोग यह कह रहे थे कि मज़हब नहीं सिखाता आपस में बैर रखना -उन्हीं के सामने यह स्पष्ट हो गया कि मुस्लिम जगत् की आधी आबादी को पुरुष समाज ने अपनी बैर रखने की भावना का शिकार बना दिया। ना तो राजनीति कुछ कर पाई और ना ही मज़हब के तथाकथित ठेकेदार कुछ कर पाए। सब मज़हब के सामने आत्मसमर्पण करके खड़े हो गए।

कभी सुना करते थे कि 'जिसकी लाठी उसकी भैंस' लेकिन हमने अपनी आँखों से देखा कि जिसके साथ मज़हब उसी की सियासत हो गई। मज़हब ने सियासत की भैंस को हाँकना आरम्भ कर दिया।

मज़हब ने ही बाँटा है भारतवर्ष को

यदि भारत के इतिहास पर विहंगम दृष्टिपात किया जाए तो पता चलता है कि जब भारत आर्यावर्त के रूप में ही आर्यान अर्थात् ईरान तक अपना विस्तार किए हुए था तब उसके टुकड़ों को अर्थात् प्रान्तों को काट-काटकर अलग देश बनाने की प्रक्रिया आरम्भ करने वाला कोई वायरस था तो वह मज़हब ही था। इसी मज़हबी वायरस ने सबसे पहले आर्यान अर्थात् ईरान प्रान्त को काटकर भारत से अलग किया, समय आने पर अफगानिस्तान को अलग किया और फिर समय आने पर पाकिस्तान को लेकर अलग किया।

इतना ही नहीं, मज़हब के इस प्रकार के भयंकर स्वरूप को छिपाने के लिए फिर मज़हब के नाम पर कुछ इतिहासकार उभर कर सामने आए। उन्होंने मज़हब के द्वारा इतिहास की इस प्रकार की गई हत्या के सारे चिह्न ही मिटा दिए। उन्होंने इतने साफ-सुथरे ढंग से इतिहास लिखा कि मज़हब का भूत भी दब गया और उसके कुकृत्य भी दब गए। भारत से वैर साधने का मज़हब का यह भी एक बहुत ही उत्कृष्ट उदाहरण है। मज़हब के लिए चाहे लोग कहते रहें कि वह वैर करना नहीं सिखाता, पर हम तो यही कहेंगे कि मज़हब को लेकर व्यक्ति विशेष की तो बात छोड़िए पूरे देश से भी वैर करना सिखाता है। तभी तो उसने भारत के इतिहास तक से छेड़छाड़ कर अपना वैर निकालने का उदाहरण प्रस्तुत किया है।

कुछ लोगों की भारत के बारे में यह मान्यता है कि भारत का विभाजन कुछ मुट्ठी भर लोगों की हठधर्मिता के कारण हुआ था, लेकिन वास्तव में उनका ऐसा कहना भी मुस्लिम

तुष्टीकरण की उनकी परम्परागत सोच और नीति को ही स्पष्ट करता है। सच्चाई यह है कि इस्लाम को मानने वाले लोगों का बहुमत देश को तोड़ने के पक्ष में रहता है। इसका प्रमाण यह है कि जब 1945 में राष्ट्रीय असेंबली के चुनाव हुए थे तो उस समय देश के 93% मुसलमानों ने मुस्लिम लीग को अपना समर्थन देकर यह स्पष्ट किया था कि वह देश तोड़ने के पक्ष में हैं।

स्पष्ट है कि उनके भीतर देश तोड़ने की अर्थात् देश के भीतर एक देश माँगने की यह भावना मज़हब ने ही पैदा की थी। आजादी के बाद देश में जहाँ-जहाँ मुस्लिम बहुल क्षेत्र थे वहाँ-वहाँ से हिन्दू को भगाने की प्रवृत्ति भी इसी मज़हबी सोच के कारण पैदा हुई है। जिसे हमने 1989-90 में कश्मीर से हिन्दुओं के पलायन के रूप में देखा तो अभी कुछ दिन पहले हरियाणा के मेवात के बारे में छपी एक खबर से यह पता चला है कि वहाँ के अधिकांश गाँवों से मुस्लिमों ने हिन्दुओं को चुन-चुनकर भगा दिया है या उनका धर्मांतरण करके हिन्दू से मुसलमान बना लिया है, अर्थात् उन गाँवों को हिन्दूविहीन कर दिया है।

वास्तव में एक-दूसरे के प्रति वैर विरोध की भावना को प्रोत्साहित करने में उन मज़हबी नेताओं व मज़हब के ठेकेदारों का विशेष योगदान रहता है जो 'हेट स्पीच' के माध्यम से लोगों को एक-दूसरे के विरुद्ध भड़काते हैं। निस्सन्देह इस कार्य को इस्लाम को मानने वाले लोग ही अधिक करते हैं। आज आवश्यकता इस बात की है कि मज़हबी सोच, मज्ज़हबी शिक्षा और मज़हबी विचारधारा को लोग भूलकर राष्ट्रहित में आने वाले अच्छे विचारों का स्वागत करें और उनको अपनाकर देश निर्माण की योजना में अपनी सहभागिता और उपयोगिता सिद्ध करें।

❒

अध्याय-2

कुरान की काफिरों के प्रति शिक्षा

गांधीजी ने चाहे कितना ही कह लिया कि:-

'ईश्वर अल्लाह तेरो नाम,
सबको सन्मति दे भगवान।'

परन्तु उनके इस गीत का मुस्लिम साम्प्रदायिकता पर कोई प्रभाव नहीं पड़ा। जितनी उग्रता और भयानकता के साथ वह पहले से भारतीय समाज को आहत और चोटिल कर रही थी उतनी ही भयानकता के साथ वह भारतीय समाज को निरंतर चोटिल करती रही। गांधी जी सोचते थे कि इस गीत के गाने से दोनों संप्रदायों के बीच एक अच्छा समन्वय बनेगा और समाज का परिवेश अच्छा होगा। परंतु कुरान में आस्था रखने वाले लोगों ने गांधी जी के इस प्रयास को पूर्णतया नकार दिया। उनकी दृष्टि में मज़हब सबसे प्राथमिकता पर रहा। राष्ट्र उनके लिए कभी भी प्राथमिकता पर नहीं आया।

इस प्रकार मुस्लिम सांप्रदायिकता देश में अपने एजेंडा पर काम करती रही। गांधी जी के इस प्रकार के आलाप से वह लोग अवश्य भ्रमित हो गए जो अपने आपको गांधीवादी मानते रहे हैं। वास्तव में यह वही लोग थे जो अपने आप को 'उदारवादी हिंदू' कहकर दूसरे की मक्कारियों को झेलने का बेतुका और राष्ट्र विरोधी कार्य करते रहे हैं। उन्हें नहीं पता कि तुम्हारी इस उदारता से राष्ट्र और समाज का कितना अहित होता रहा है? कितना हो रहा है और भविष्य में कितना हो सकता है? गांधीजी की प्रेरणा से और गांधीवाद के प्रोत्साहन से इन लोगों ने देश में हजारों बार यह नारा लगा कर देख लिया कि हिन्दू-मुस्लिम भाई-भाई हैं, परन्तु यह नारा उन्हें परस्पर एक दूसरे का भाई बना नहीं पाया। कारण कि मुसलमानों के मौलिक चिन्तन में कहीं न कहीं ऐसी विकृति है जो दोनों को भाई बनने नहीं देती। उनके लिए 'काफिर' काफिर है और उस काफिर के विरुद्ध उनका कुफ्र तब तक जारी रहेगा जब तक कि वह इस्लाम में दीक्षित नहीं हो जाता है।

मूल में कहीं भूल है शोध सके तो शोध।
दूर करेगा दोष तो होगा सच्चा बोध।।

इसके साथ ही यह बात भी ध्यान रखने योग्य है कि:-

देश मज़हबी सोच से पाता कष्ट क्लेश।
भयहर्ता भाई बने आतंकी दुष्ट हमेश।।

मुस्लिमों के लिए अल्लाह का आदेश है कि -

"...और यहूदी कहते हैं उजैर अल्लाह के बेटे हैं और ईसाई कहते हैं कि मसीह अल्लाह के बेटे हैं। यह उनके मुँह की बातें हैं। उन्हीं काफिरों जैसी बातें बनाने लगे, जो इनसे पहले के हैं (हिन्दू, बौद्ध, जैन)। अल्लाह इनको गारत करे, किधर को भटके चले जा रहे हैं?

(सूरा तौबा 9, पारा 10, आयत 30)

कुरान की इस व्यवस्था से ईश्वर की बनाई सृष्टि में बहुत बड़ा दखल किया गया है। क्योंकि इसके अनुसार सृष्टि के प्रारम्भ से अथवा इस्लाम के पहले से चले आ रहे संसार के सभी लोग काफिर होने के कारण भटके हुए हैं और उनका विनाश करना ही इस्लाम का उद्देश्य है। क्योंकि उनके लिए यहाँ पर प्रार्थना की गई है कि अल्लाह उन्हें गारत करे अर्थात् नष्ट करे। यहाँ पर वेद की ऐसी प्रार्थना नहीं है कि जो लोग अज्ञान और अविद्या में भटके हुए हैं, वह सत्य ज्ञान प्राप्त कर अपने जीवन को सुधारें और हम सब अज्ञानी और अविद्याग्रस्त लोगों के जीवन की उन्नति में सहायक बनें। वास्तव में कुरान का यही वह चिन्तन है जो मुस्लिम को हिन्दू के निकट नहीं आने देता।

जो लोग कुरान पर ईमान नहीं रखते, उनके साथ भी कैसा व्यवहार किया जाए? -यह भी कुरआन में ही स्पष्ट किया गया है।

-जिन मुशरिकों के साथ तुम (मुसलमानों) ने अहद (सुलह) कर रखा था, अल्लाह और उसके पैगम्बर की तरफ से उनको जवाब है: -

(सूरा तौबा 9, पारा 10, आयत 1)

तो चार महीने (जिकाद, जिलहिज्ज, मुहर्रम और रज्जब) मुल्क में चल फिर लो, और जाने रहो कि तुम अल्लाह को हरा नहीं सकोगे और अल्लाह काफिरों को जिल्लत देता है। (1) और हज्जे अकबर (बड़े हज) के दिन अल्लाह और उसके पैगम्बर की तरफ से लोगों

को मुनादी की जाती है कि अल्लाह और उसका पैगम्बर मुशरिकों (हिन्दू, सिक्ख, यहूदी, ईसाई, बौद्ध, जैन) से अलग है।...

इस व्यवस्था से स्पष्ट है कि मुसलमानों के लिए हिन्दू ही काफिर नहीं हैं अपितु संसार के प्रत्येक मत या संप्रदाय को मानने वाले लोग उनके लिए काफिर हैं और उनका विनाश करना ही उनका उद्देश्य है।

(2) अर्थात् अल्लाह और उसका पैगम्बर सिर्फ और सिर्फ मुसलमान है।

-पर अगर तुम तौबा करो (अर्थात् मुसलमान हो जाओ) तो यह तुम्हारे लिये भला है, और अगर मुख मोडो (दीन इस्लाम से) तो जान रखो कि तुम अल्लाह को हरा नहीं सकोगे, और काफिरों को दुखदाई सजा (अर्थात् किसी भी प्रकार की आतंकी घटना से संसार के लोगों को आतंकित कर उत्पात मचाने) की खुशखबरी सुना दो।

(3) "फिर जब अदब के महीने (जिकाद, जिलहिज्ज, मुहर्रम और रज्जब) बीत जाएँ तो उन मुशरिकों को जहाँ पाओ कत्ल करो, और उनको गिरफ्तार करो, उनको घेर लो, और हर घात की जगह उनकी ताक में बैठो। फिर अगर वह लोग तौबा कर लें और नमाज कायम करें, और जकात दें तो उनका रास्ता छोड़ दो (क्योंकि तब वे मुसलमान हो जाएँगे) बेशक अल्लाह माफ करने वाला बेहद मेहरबान है।..."

यही वे आयतें हैं जिन्हें कुरान से निकलवाने की बात वसीम रिजवी न्यायालय से कह रहे हैं।

कुरान ने बनाया मनुष्य को मनुष्य का शत्रु

कुरान की इस प्रकार की शिक्षाओं ने मनुष्य को मनुष्य का शत्रु बनाया है। एक-दूसरे के बीच की दूरियों को मिटाने के स्थान पर इसने दूरियों को सांप्रदायिकता के आधार पर और अधिक बढ़ाने या गहरा करने का प्रयास किया है। संसार में घात लगाकर हमला करने या धोखे से किसी के प्राण लेने की प्रवृत्ति इस्लाम की इसी प्रकार की शिक्षाओं से विकसित हुई है। उससे पूर्व भारत की वैदिक परम्परा में युद्ध में भी किसी निहत्थे पर हथियार चलाना या घात लगाकर किसी पर हमला करना या धोखे से किसी के प्राण ले लेना अपराध माना जाता था। परन्तु अपने स्वार्थों को साधने के लिए कुरान ने प्रत्येक व्यक्ति को इन अपराधों से पूर्णतया मुक्ति प्रदान कर दी और कह दिया कि वह जैसे चाहें अपने स्वार्थ सिद्ध कर सकते हैं। इसी का परिणाम है कि आज संसार में अपने स्वार्थों की सिद्धि के लिए मनुष्य बहुत गिरकर अपराध कर रहा है। निश्चय ही इस प्रकार की शिक्षाओं को धार्मिक शिक्षा नहीं कहा जा सकता। देश के लोगों को रिजवी साहब की आवाज का समर्थन करना चाहिए।

इस प्रकार की शिक्षाओं से स्पष्ट हो जाता है कि मज़हब के भीतर वह वायरस है जो एक-दूसरे सम्प्रदाय के मध्य दूरियाँ पैदा करता है और एक सम्प्रदाय के लोगों को अर्थात् मुस्लिमों को दूसरे सम्प्रदाय के लोगों अर्थात् काफिरों के साथ समन्वय स्थापित नहीं करने देता। इस प्रकार की अमानवीय शिक्षाओं के रहते कोई कैसे यह विश्वास कर सकता है कि एक मुसलमान काफिरों के साथ समन्वय स्थापित करके चल सकता है?

दीन धर्म ये है नहीं करो किसी का नाश।
धर्म सुधारे जन्म को नहीं बिछाता लाश।।

मनुष्य चाहे व्यवहार में कितना ही एक-दूसरे के प्रति घृणा की बात करता हो, पर उसका अन्तर्मन तो आदिकाल से प्रेम की खोज करता आ रहा है। भीतर की भूख प्रेम को पाने की है, परमपिता परमेश्वर का शरणागत होकर उस असीम और आनंददायक शान्ति को प्राप्त करने की है, जिसे पाकर मनुष्य के लिए कुछ और पाना शेष नहीं रह जाता है। वह भीतर की भड़की हुई अग्नि को शान्त करना चाहता है, जिससे उसे सर्वत्र प्रेम ही प्रेम की वृष्टि होती हुई दिखाई दे। वह आनंददायक प्रेम वृष्टि में स्नान करना चाहता है, जिसकी धीमी-धीमी फुहारों के नीचे से संसार के सभी मनुष्यों को लाकर संसार के अन्य प्राणियों के लिए उन्हें उपयोगी बनाना चाहता है। वेद की इसी प्रकार की मानवीय शिक्षाएं हैं, जिन्हें कुरान सिरे से नकार देती है।

मनुष्य की भीतरी इच्छा एक-दूसरे के साथ सौहार्द, सहृदयता, सम्मैत्री और करुणा का भाव प्रकट करने की है। जबकि बाहरी कार्यशैली आग लगाने की और घृणा को बढ़ाने की है। दुर्भाग्यवश कुरान ने भीतरी खोज के इस मानवीय अभियान को और गति न देकर उसकी बाहरी उन प्रवृत्तियों को हवा देना आरम्भ किया, जिससे संसार में आग लगे। निश्चित रूप से आग लगाने और घृणा बढ़ाने की इस कार्यवाही को मज़हब ही कराता है।

अल्लाह का इस्लाम और मुल्ला का इस्लाम

मुसलमानों में कई ऐसे बुद्धिजीवी हैं जो अल्लाह का इस्लाम और मुल्ला का इस्लाम दोनों को अलग-अलग करके देखने की पैरवी करते हैं। उनका कहना होता है कि अल्लाह का इस्लाम भाईचारे की शिक्षा देता है, जबकि मुल्ला का इस्लाम संसार में आग लगाने की शिक्षा देता है। अब सच चाहे जो भी हो, पर इस्लाम के बारे में यह बात समझने की है कि जब इस्लाम अपनी शैशवावस्था में था, तब इस पर कुछ ऐसे तथाकथित राजनीतिक लोगों का कब्जा हो गया जो इस्लाम को बढ़ाने के नाम पर गुण्डागर्दी करते हुए राजनीति में

आए और उन्होंने देशों के देश हड़पने की प्रक्रिया इस्लाम के नाम पर आरम्भ की। इस्लाम के खलीफाओं को या मुखियाओं को यह बात बहुत अच्छी जँची। उन्होंने देखा कि उनके लिए मैदान साफ करने के लिए कुछ राजनीतिक गुण्डे आगे बढ़ना आरम्भ हो गए हैं, जिनका अन्तिम लाभ उन्हें इस्लाम के विस्तार के रूप में मिलेगा।

यह सोचकर उन्होंने फटाफट इन राजनीतिक गुंडों से सौदा कर लिया। इस्लाम के इन राजनीतिक गुंडों और कठमुल्लों के सहयोग से या निकट आने से राजनीति और मज़हब दोनों 'एक' हो गए और 'एक' होकर इन दोनों ने संसार से 'काफिरों' के विनाश का मार्ग अपना लिया। हमें नहीं पता कि इस्लाम का राजनीतिकरण हुआ या अपराधियों का इस्लाम ने राजनीतिकरण कर अपने स्वार्थ सिद्ध करने आरम्भ किए? पर जो भी कुछ हुआ वह मानवता के हित में नहीं था। यहीं से वह प्रक्रिया आरम्भ हुई जिसने आने वाले सैकड़ों वर्षों में संसार के करोड़ों लोगों का या तो वध किया या उन्हें गुलाम बनाकर अमानवीय यातनाओं का शिकार बनाया। उनके धन-माल लूटे, उनकी औरतों को लूटा और बड़े-बड़े नरसंहार इस्लाम के नाम पर किए।

अल्लाह के इस्लाम और मुल्ला के इस्लाम के बीच जब यह गुप्त समझौता हुआ तो उसके पश्चात् इन गुंडों में से जो बादशाह, सुल्तान या सेनापति बने उन्होंने संसार में कत्लेआम का ऐसा इतिहास लिखा जो केवल और केवल मज़हबी जुनून, मज़हबी उन्माद और कट्टर सांप्रदायिकता का वह इतिहास है जिसमें सर्वत्र मानवता की लाश ही लाश बिखरी पड़ी हैं। यदि इस्लाम के इस मज़हबी उन्मादी इतिहास पर दृष्टिपात किया जाए तो इस्लामिक इतिहास के भारतीय पृष्ठों पर भी हमें करोड़ों लोगों की लाशें बिखरी पड़ी दिखाई दे जाएँगी।

इतिहास के हर पृष्ठ पर खूनी लगे हैं दाग।
प्रेम कहीं नहीं दीखता बिखरी पड़ी है आग।।

झुलस गई इंसानियत भुला दिया गया प्यार।
गिद्ध झपट रहे देश में और कर रहे मारामार।।

यह लोग अपनी निर्दयता, निर्ममता, अमानवीयता, पाशविकता आदि के बल पर संसार की सज्जन शक्ति पर विजय प्राप्त करते गए और जब इन्होंने अपनी तथाकथित विजय का इतिहास लिखा तो इन्होंने संसार की उस सज्जन शक्ति को मूर्ख, काफिर, अज्ञानी, जाहिल और न जाने क्या-क्या कहकर उसे इतिहास के कूड़ेदान में ऐसे दबा दिया

जैसे कि वह थी ही नहीं या थी तो उसके रहने से संसार में अल्लाह की कायनात के लिए बड़ा खतरा पैदा हो गया था।

इन लोगों ने संसार के सभी भद्र पुरुषों को यह आभास कराया कि अब जब उन्होंने कुरानी पैगाम के अनुसार संसार को बनाने की प्रक्रिया आरम्भ कर दी है तो संसार भाईचारे और शान्ति के सूत्र में बँधता चला गया है। वास्तव में कुरान को मानने वाले लोगों का इस प्रकार का अभियान मानवता की हत्या का अभियान था। जिसे वेद को मानने वाले भारतीय भद्र पुरुष पहले दिन से समझ रहे थे। यही कारण था कि उन्होंने पहले दिन से ही इस्लाम का प्रतिकार करने का संकल्प धारण कर लिया था। क्योंकि उन्हें यह आभास हो गया था कि यदि यह अमानवीय संस्कृति संसार में फैली तो यह संपूर्ण संसार के विनाश का कारण बनेगी।

इस्लाम और आतंकवाद दोनों का सम्बन्ध

संसार का कोई विद्वान्, इतिहासकार या लेखक क्या यह बता सकता है कि जिस समय कुरान के पैगाम को लेकर कुरान को मानने वाले ये लोग संसार में आतंक मचा रहे थे और लोगों का नरसंहार कर रहे थे तो उन नरसंहारों में मरने वाले लोगों की कुल कितनी संख्या रही? क्या यह भी बताया जा सकता है कि इस्लामिक आतंकवाद आज, कल या परसों की बात है या फिर इसके जन्म काल से ही इससे आतंकवाद जुड़ गया था? तारिक फतह और बड़ौत की एक शाही मस्जिद के इमाम रहे महेंद्रपाल आर्य जैसे विद्वानों का कहना है कि आतंकवाद और इस्लाम दोनों का अन्योन्याश्रित सम्बन्ध है। आतंकवाद के बिना इस्लाम की और इस्लाम के बिना आतंकवाद की कल्पना नहीं की जा सकती। मज़हब के नाम पर फैलाए गये इस आतंकवाद ने पहले दिन से ही लोगों का कत्लेआम करना आरम्भ किया और विश्व इतिहास को खून से रंग दिया। यही इसकी सबसे बड़ी उपलब्धि है।

इस्लाम का यही सिलसिला पहले दिन से आज तक चला आ रहा है। 'द वायर' में 15 फरवरी 2015 को अर्श दानिश लिखते हैं- "2016 के ग्लोबल टेररिज्म इंडेक्स के मुताबिक, आतंकवाद से होने वाली 74 फीसदी मौतों के पीछे आईएसआईएस, बोको हरम, तालिबान और अल-कायदा का हाथ था।

ये सारे संगठन धार्मिक चरमपंथी विचारों के पोषक हैं। वर्तमान दौर के आतंकवाद के धार्मिक आयाम के कारण विद्वानों का एक बड़ा तबका यह समझने की कोशिश कर रहा है कि कैसे इस्लामी आतंकी संगठन धर्म का इस्तेमाल एक ऐसे नैरेटिव का निर्माण करने के लिए करते हैं, जो कमजोर व्यक्तियों को आकर्षित कर लेता है।"

वास्तव में इस्लाम के तथाकथित विद्वान् जिस प्रकार के भाईचारे की बातें करते हुए हमें टी0वी0 चैनलों या समाचार पत्र-पत्रिकाओं में अपने द्वारा प्रकाशित कराए गए लेखों के माध्यम से दिखाई देते हैं, हमें उनकी उन मीठी-मीठी बातों पर विश्वास ना करके 'इस्लाम के सच' को ही समझना चाहिए। टी0वी0 चैनलों के मालिकों को भी डिबेट में ऐसे इस्लामिक लोगों को ही आमंत्रित करना चाहिए जो 'इस्लाम' के सच को स्वीकार करने का साहस रखते हों और संसार को एक ऐसी उत्कृष्ट सोच देने में समर्थ हों जिससे मानवता का प्रचार-प्रसार हो सके और सर्वत्र शांति और प्रेम बिखर जाए।

9 दिसंबर 2015 को 'पत्रिका' में छपे एक समाचार के अनुसार -"बरेली में आला हजरत दरगाह के उर्स-ए-रिजवी के आखिरी दिन पूरे विश्व से आए 70 हजार से अधिक मुस्लिम धर्मगुरुओं ने आतंकवादी संगठन आईएस, तालिबान, अल कायदा के खिलाफ फतवे जारी किए हैं। इस्लामी विद्वानों और धर्मगुरुओं ने कहा है कि इन संगठनों के विचार गैर इस्लामी और अमानवीय हैं।

इनकी गतिविधियाँ इस्लाम के मूल सिद्धांतों के खिलाफ हैं। ऐसे लोग सच्चे मुसलमान नहीं हैं। उर्स में लगभग 15 लाख लोगों ने भाग लिया और उर्स में आतंकवाद के खिलाफ बाँटे गए पर्चों पर हस्ताक्षर किए।"

बरेली में जिन मुस्लिम विद्वानों ने इस प्रकार हस्ताक्षर कर यह फतवा जारी किया, वह वास्तव में बहुत प्रशंसनीय है। इस्लामिक बुद्धिवादियों को इस प्रकार का साहस दिखाना चाहिए।

इस्लाम और आतंकवाद : वास्तविकता बनाम मिथक 'नामक लेख में 23 मार्च 2019 को डॉ. मोहम्मद आरिफ लिखते हैं "हमें यह बात याद रखनी चाहिए कि धर्म और हिंसा का कोई सम्बन्ध नहीं है, चाहे वह इस्लाम हो या अन्य कोई धर्म। दुनिया में धर्म न्याय एवं शान्ति स्थापित करने के लिए ही अस्तित्व में आये, न कि बदला लेने और हिंसा फैलाने के लिए। प्रतिकार और हिंसा कभी किसी धर्म का अंग नहीं बन सकते। और इस्लाम में तो उसका प्रश्न ही नहीं उठता। इस्लाम आतंकवाद का समर्थन नहीं बल्कि खण्डन करता है। नाहिदा की मानें तो जिस तरह लोग विभिन्न व्यवसाय करते हैं उसी तरह आतंक व हिंसा फैलाना आंतकवादियों का व्यवसाय है। उनका किसी धर्म से कोई लेना देना नहीं और उन्हें सिर्फ वहशी दरिन्दा समझना चाहिए, किसी धर्म का अलम्बरदार तो बिल्कुल नहीं।

इस्लाम शब्द सल्म से बना है जिसका अर्थ शांति है। सही मायने में सल्म शब्द ही

इस्लाम धर्म का सार है। इसका अर्थ है शान्ति स्थापित करना और अल्लाह की इच्छा को समर्पित होना। इस्लाम तो अप्रत्यक्ष रूप से भी अत्याचार की बात नहीं करता, हिंसा की बात तो बहुत दूर है। रसूल-ए-अकरम ने सुलह-ए-हुदैबिया में जो शर्तें स्वीकार कीं वह मुसलमानों के पक्ष में नहीं थीं, किन्तु हिंसा से बचने के लिए उन्होंने उन शर्तों को स्वीकार कर लिया जिससे शान्ति स्थापित होती थी।

इस्लाम हिंसा के उपयोग की अनुमति सिद्धांत रूप में बिल्कुल नहीं देता। यदि कभी संघर्ष करना पड़े तो कुरआन की आयत सं02:90 का स्पष्ट आदेश है कि "अल्लाह के मार्ग में उन लोगों से लड़ो जो तुम्हारे विरुद्ध लड़ते हैं, किन्तु आक्रामक मत बनो। अल्लाह आक्रमणकारियों को निश्चित रूप से पसंद नहीं करता। यहाँ पर अल्लाह के मार्ग में लड़ने का तात्पर्य है इंसाफ के लिए लड़ना, दयालु, एवं करुणामय समाज की स्थापना के लिए लड़ना न कि हिंसा के लिए।"

हम आरिफ साहब की उपरोक्त सभी बातों से सहमत नहीं हैं, परन्तु इतना अवश्य कहना चाहेंगे कि जब इस्लाम की गलत व्याख्या करने के लिए इस्लाम के राजनीतिक वारिसों और मुखियाओं अथवा खलीफाओं में बैठकर मानवता के विनाश की योजना बन रही थी, उसी समय इस्लाम का तथाकथित शान्तिवादी स्वरूप और उसका मानवतावादी चिंतन समझो नीलाम हो गया था।

यदि वास्तव में इस्लाम शान्ति की स्थापना के लिए स्थापित किया गया था और इस्लाम का वास्तविक अर्थ भी यही है जो आरिफ साहब कह रहे हैं तो उसके पश्चात् अब तक के इस्लामिक विद्वानों को यह व्यवस्था कर लेनी चाहिए थी कि इस्लाम के नाम पर कोई भी व्यक्ति न तो रक्तपात करेगा और न ही किसी दूसरे मज़हब के मानने वाले व्यक्ति पर अत्याचार करेगा। पर इस ओर निश्चित रूप से कोई भी सार्थक पहल या प्रयास इस्लामिक विद्वानों और राजनीतिक नेताओं की ओर से नहीं किये गये। सबसे बड़ी चिंता का कारण यही है।

'यूरोप पर आतंकवाद के भयावह बादल' के लेखक राम यादव लिखते हैं -"इस्लामी जगत् के नेता, धर्माधिकारी और अधिकतर बुद्धिजीवी भी इस्लामवादी आतंकवादी गिरोहों और उनके आतंकी हमलों की दो टूक निंदा करने, फतवा जारी करने, उनका सामाजिक बहिष्कार करने या आतंकवादियों को दंडित करने के प्रश्न पर कुछ कहने-करने से कतराते रहे हैं।

यह कहकर हाथ झाड़ते रहे हैं कि 'आतंकवाद का इस्लाम से कोई सम्बन्ध ही नहीं है' या 'आतंकवादियों का कोई धर्म नहीं होता।' उनकी यह तोतारटंत सुन-सुनकर जनसाधारण

के कान पक गए हैं। यह सन्देह पक्का होता लगने लगा है कि इस्लामी जगत् मन ही मन आतंकवादियों के साथ है और शायद सोचता है कि वे यदि दुनिया का इस्लामीकरण करना चाहते हैं, तो कुरान के आदेश का ही तो पालन कर रहे हैं। इस्लामी जगत् की सोच में हालाँकि अब कुछ आत्मचिंतन भी जरूर आया है, किन्तु पश्चिमी संवेदनाओं की दृष्टि से वह पर्याप्त नहीं है।" (वेब दुनिया' से)

राम यादव जी की यह चिन्ता अपने आपमें पूर्णतया उचित है। लोग बाहरी दिखावे की बातें करते हैं। वास्तविकता के धरातल पर जो कुछ घट रहा होता है उसकी कठोर शब्दों में कठोर निन्दा नहीं करते और ना ही ऐसी खराब बातों को करने वाले लोगों का विरोध करते हुए कहीं दिखाई देते हैं। इसके विपरीत वे इस्लाम के नाम पर आतंकवाद फैलाने वाले लोगों का समर्थन करते हुए या बचाव करते हुए दिखाई देते हैं।

वास्तव में ये लोग जानते हैं कि इस्लामिक आतंकवाद के नाम पर उनके लोग जो कुछ भी कर रहे हैं वह सब उनकी पवित्र पुस्तक द्वारा दी गई आज्ञाओं के अनुरूप है। इसलिए वह हिन्दू समाज के लोगों के बीच अपनी वाहवाही लूटने के दृष्टिकोण से चाहे ऐसी बात कर लें पर वास्तव में उनकी सहमति अपने सम्प्रदाय के लोगों के साथ ही होती है, क्योंकि वह जानते हैं कि उनके लिये अल्लाह का स्पष्ट आदेश है कि काफिरों को किसी भी कीमत पर छोड़ना नहीं है।

इस प्रकार की व्यवस्थाओं ने मुस्लिमों को यह समझाने का प्रयास किया है कि उनका अल्लाह भी मुसलमान है। जब इस सृष्टि के बनाने वाले परमपिता परमेश्वर के प्रति भी इस प्रकार का साम्प्रदायिक पूर्वाग्रह लोगों के भीतर घर कर जाता है तो यह कट्टर साम्प्रदायिकता को जन्म देता है।

❒

अध्याय-3

सभ्यताओं को गटक जाता है मज़हब

सारे संसार को इस्लाम अल्लाह की पार्टी और शैतान की पार्टी में बाँट कर देखता है। इसी को दारुल -इस्लाम और दारुल-हरब के नाम से भी जाना जाता है। जहाँ इस्लाम के व्याख्याकारों में एक बड़ा वर्ग ऐसा है जो इस्लाम को भाईचारे और शान्ति का मज़हब कहकर इस बात पर बल देता है कि इस्लाम के वास्तविक स्वरूप को प्रकट करने में इस्लाम से द्वेष रखने वाले लोगों ने लापरवाही बरती है और दारुल-हरब व दारुल इस्लाम जैसी कोई सोच इस्लाम की नहीं रही है, वहीं इस्लाम के भीतर ही जमात-ए-इस्लामी के संस्थापक मौलाना मौदूदी जैसे इस्लामिक विद्वान् इस्लाम के दारुल इस्लाम और दारुल -हरब के सिद्धांत की बड़ी मजबूती से पैरोकारी करते दिखाई देते हैं।

हिंदूवादी चिंतक और राष्ट्रवादी लेखक डॉ. शंकर शरण लिखते हैं "मूल इस्लामी किताबें — कुरान, हदीस (मुहम्मद के कथन) और सीरा (मुहम्मद की जीवनी) — ही दूसरे सब को "दुश्मन" बताती है। कुरान (2:98) के अनुसार 'जो अल्लाह के कहे से इन्कार करते हैं' वे काफिर हैं, और 'अल्लाह काफिरों का दुश्मन है'। सो इस्लाम ही गैर-मुस्लिमों को दुश्मन कह कर उन्हें मिटाने, अपमानित करने की खुली घोषणा करता है।* इस अपनी ठानी दुश्मनी को स्थाई भी बताता है।

(कुरान, 60:4)

तब दुश्मनी का दोषी कौन है, मौलाना?

कुरान की लगभग चार सौ आयतों में काफिरों, यानी गैर-मुस्लिमों, का जिक्र है। सभी में मानो पानी पी-पीकर 'मूर्तिपूजा', 'झूठे ईश्वर', 'बहुदेवपूजा', आदि दूसरे धर्मों और उन्हें मानने वालों को कोसा गया है; उन्हें मिटा देने के निर्देश हैं। यही 'अल्लाह का काम' यानी

जिहाद है। इस का अर्थ मुहम्मद के शब्दों में: 'जो इस्लाम का वर्चस्व बनाने के लिए लड़ता है, वही अल्लाह के लिए लड़ता है।'

(सहीह बुखारी, 1:3:125)

यह जिहाद मुस्लिम समाज के लिए बाध्यकारी भी है, 'जब तक कि पूरी दुनिया अल्लाह की नहीं हो जाती।' (कुरान, 8:39) मुहम्मद के अनुसार, यदि कोई मुसलमान 'बिना जिहाद में हिस्सा लिए मर जाता है, जिस ने जिहाद में हिस्सा लेने की ख्वाहिश नहीं की, वह एक मुनाफिक (पाखंडी) की मौत मरता है।' (सहीह मुस्लिम, 20:4696) मुहम्मद ने मुनाफिक को घृणित कहा है। यानी, जिहाद लड़ना न चाहने वाला भी हेय है। सो उन मुसलमानों को भी धमकाया गया है जो जिहाद लड़ने से बचना चाहें।

तब 'मूर्तिपूजकों और 'कई देवी-देवताओं को पूजने वाले' हिन्दुओं, बौद्धों, जैनियों, आदि को इस्लाम के प्रति क्या रुख रखना चाहिए? यह मदनी ही बताएं।

असल में, इस्लाम केवल रिलीजन नहीं है; वह मुख्यत: राजनीति है। उस की तीनों मूल किताबें आधे से अधिक बस दूसरों को मुस्लिम बनाने या मिटाने की फिक्र से भरी हैं। इस प्रकार, राजनीतिक इस्लाम से सभी प्रभावित होते हैं। इसीलिए उस की आलोचना सब का अधिकार ही नहीं, कर्तव्य भी है।* हिन्दुओं, बौद्धों, सिखों, जैनियों व नास्तिकों के लिए भी अपने धर्म, संस्कृति, विचार-विश्वास, समाज और कानूनों की रक्षा का कर्तव्य।"

जिहाद कब तक चलेगा?

इन जैसे विद्वानों की दृष्टि से भी यदि देखा जाए तो जो लोग अल्लाह की पार्टी में नहीं हैं या जिन देशों का इस्लामीकरण किया जाना अभी शेष है, उनके प्रति इस्लाम और इस्लाम के विद्वानों का दृष्टिकोण या तो उपेक्षापूर्ण है या फिर शत्रुतापूर्ण है। उनका जिहाद संसार में तब तक चलता रहेगा जब तक कि सम्पूर्ण भूमण्डल इस्लाम के रंग में रंग नहीं जाता है। कहने का अभिप्राय है कि ये लोग प्रत्यक्ष या अप्रत्यक्ष रूप से संसार में उस समय तक नरसंहार और रक्तपात की वकालत करते दिखाई देते हैं, जब तक कि सारा संसार इस्लाम को स्वीकार नहीं कर लेता है या सारा संसार अल्लाह की पार्टी में सम्मिलित नहीं हो जाता है।

कम्युनिस्ट और दूसरे ऐसे ही विचारक इस्लाम और ईसाइयत को प्रगतिशीलता का प्रतीक मानते हैं। जबकि इस्लाम अपनी विचारधारा से विपरीत विचारधारा रखने वाले व्यक्ति के विनाश में तब तक लगा रहेगा जब तक कि उस विपरीत व्यक्ति का सर्वनाश ना हो जाए और सारा संसार केवल एक विचारधारा के नीचे न आ जाए। वास्तव में इस्लाम

की यह प्रवृत्ति लोगों की भाषण और अभिव्यक्ति की स्वतंत्रता का हनन करती है। लोगों को अपने आत्मिक, मानसिक और शारीरिक विकास की छूट प्रदान नहीं करती अपितु उन्हें सीमाओं में जकड़कर किसी एक संकीर्ण विचारधारा के खूंटे से बाँध देना चाहती है।

जब तक कि सारी दुनिया न इस्लाम में रंगेगी,
जब तक कि सारे जग में न कुरआन की चलेगी।

कत्लोगारत का ये सिलसिला तब तक यूँ ही चलेगा, हैवानियत की आग में यह दुनिया यूँ ही जलेगी।।

उनके इस प्रकार के दृष्टिकोण और चिंतन से या तो संसार के अन्य सभी सम्प्रदायों को अपना स्वरूप समाप्त कर इस्लाम में दीक्षित हो जाना चाहिए या फिर मरने-कटने के लिए तैयार रहना चाहिए। कुल मिलाकर जिहाद, आतंकवाद और मज़हब के आधार पर एक-दूसरे से घृणा करने का यह क्रम अभी रुकने वाला नहीं है।

इस्लाम की फ़तवा परंपरा और न्यायालय

इस्लाम में फतवे जारी करने की परम्परा किसी भी देश की न्यायपालिका को अस्वीकार करने के लिए पर्याप्त है। किसी भी देश की न्यायव्यवस्था या राज्य व्यवस्था को मुसलमान तभी तक स्वीकार करते हैं जब तक कि उनकी संख्या वहाँ पर बहुत कम होती है। जब तक अति अल्प संख्या में मुसलमान होता है तब तक वह किसी भी देश की न्याय व्यवस्था राज्य व्यवस्था के प्रति पूर्णतया निष्ठावान रहने का प्रदर्शन करता है और यह दिखाता है कि जैसे उससे अच्छा मानव कोई नहीं है। जैसे-जैसे संख्या बढ़ती जाती है वैसे-वैसे ही उनकी अपनी माँगें बढ़ती चली जाती हैं। धीरे-धीरे एक समय आता है जब वह पर्याप्त संख्या में होने के पश्चात् वहाँ के संविधान, वहाँ की न्याय-व्यवस्था और राज्य-व्यवस्था को चुनौती देने लगते हैं। और कह देते हैं कि:-

कानून जो हमारा हमको है वो ही प्यारा।
उसके सिवा न हमको कुछ भी है गवारा।।
हम कुरआन को खुदाई इल्हाम मानते हैं,
शरीयत को मानते हैं दुनिया में सबसे न्यारा।।

यही कारण है कि मुसलमान किसी भी देश में अपनी संख्या बहुसंख्यक होते ही उस देश के संविधान आदि को परिवर्तित कर उसका इस्लामीकरण कर डालते हैं। यदि संसार

के उन देशों का इतिहास उठाकर देखा जाए जो देश आज अपने आपको 'इस्लामिक स्टेट' के रूप में घोषित किए हुए हैं तो यही प्रक्रिया उनके इस्लामीकरण करने के लिए अपनाई गई स्पष्ट हो जाएगी।

यदि गांधीजी ने इस्लाम के इस स्वरूप को पढ़ा व समझा होता तो वह भारतवर्ष के सन्दर्भ में इस्लामिक दृष्टिकोण को समझने में सफल हो जाते। लगता है या तो गांधीजी ने इस्लाम के इस स्वरूप को समझा नहीं या फिर समझकर भी वह नासमझ बने रहे और देश विभाजन के लिए वह स्वयं और उनके पश्चात् उनकी कांग्रेस पार्टी हिन्दूवादी लोगों को उत्तरदायी मानने लगे।

इस्लाम के संस्कृत मूलक शब्द

'मज़हब नहीं सिखाता आपस में बैर रखना' इस पंक्ति को गा-गाकर भारत के साथ किए गए उन सभी अत्याचारों और पापाचरण पर पर्दा डालने का प्रयास किया गया, जिनके कारण भारत टूटते-टूटते वर्तमान स्वरूप में पहुँचा है।

इतिहास के मर्मज्ञ विद्वानों का मानना है कि भारत में कभी ब्राह्मणों की एक पतित शाखा थी जिसको 'शैख' के नाम से सम्बोधित किया जाता था। भारत के ब्राह्मणों की यही पतित शाखा ईरान और अरब में आज भी निवास करती है। जिसे आजकल शेख कहा जाता है। संस्कृत के अर्व से ही अरब देश बना है, जिसका अर्थ घोड़ा या घोड़े की अश्वशाला से है। अतः अरबिस्तान का अभिप्राय हुआ जहाँ -उत्तम प्रजाति के घोड़े मिलते हैं। वास्तव में भारत की संस्कृत भाषा ने ही सम्पूर्ण भूमण्डल के भौगोलिक स्थानों का नामकरण किया। संस्कृत भाषा से ही इन शब्दों की उत्पत्ति हुई। देश, काल, परिस्थिति के अनुसार कालान्तर में इन संस्कृत मूलक नामों का अपभ्रंश होकर वही स्थानीय बोलियों के नामों मेंपरिवर्तित हो गए। जिससे हमें ऐसा लगने लगा कि ये नाम इन्हीं भाषाओं के शब्द हैं। हमारा मानना है कि संस्कृत से अलग संसार में जितनी भी भाषाएँ हैं ये सब की सब बोलियाँ हैं, जिन्हें महिमामंडित करने के लिए लोगों ने भाषाओं का नाम दे दिया।

संस्कृत ने ही जग में बहायी ज्ञान गंगा,
'किताब' ने चलाया यहाँ फ़साद और दंगा।
किताबी फितरत को मज़हब ने मोल लेकर,
दुनिया को अपनी खूनी रंगत से है रंगा।।

पूरा अरब प्रान्त भारत की वैदिक संस्कृति से शासित और अनुशासित चला आ रहा

था। परन्तु जब वैदिक संस्कृति में जैन और बौद्ध धर्मावलम्बियों के कारण मूर्ति पूजा का प्रचलन बढ़ा तो उसके विरुद्ध क्रान्ति करते हुए मोहम्मद साहब के द्वारा अरब की भूमि पर इस्लाम का प्रादुर्भाव हुआ।

मोहम्मद साहब की 'क्रांति' : आर्यों का विनाश

एक समाज सुधारक के दृष्टिकोण से पहले वाली व्यवस्था के विरुद्ध क्रान्ति का बिगुल फूंकना मोहम्मद साहब के व्यक्तित्व का एक बहुत अच्छा गुण कहा जा सकता है। आगे चलकर उन्होंने स्वयं ने या फिर उनके उत्तराधिकारियों ने जिस प्रकार 'काफिरों' का नरसंहार करना आरम्भ किया और वैदिक संस्कृति में विश्वास रखने वाले सारे अरब प्रान्त को इस्लामिक क्रान्ति के माध्यम से मुस्लिम बनाने का अभियान चलाया उसे किसी भी दृष्टिकोण से उचित नहीं कहा जा सकता। अच्छी बात यही होती कि आप अपने सिद्धांतों को प्यार प्रीत के साथ लोगों को समझाते और वैदिक दृष्टिकोण से संसार को चलाने के लिए उन्हें प्रेरित करते।

'मज़हब नहीं सिखाता आपस में बैर रखना' राग अलापने वाले लोगों को यह पता नहीं है कि सम्पूर्ण अरब प्रान्त आर्यों की ही भूमि था। जिसे मज़हब ने लील लिया और आर्यों से छीनकर इस्लाम को दे दिया या कहिए कि आर्यों को धर्मान्तरित कर अपने रंग में रंग कर इस्लाम को सौंप दिया। ईरान भी आर्यों की ही भूमि था। उसे भी मज़हब ने आर्यों के स्थान पर इस्लाम का कर दिया। परशुराम के पितामह ओर्व ऋषि के नाम पर भी अरब शब्द की उत्पत्ति होना कुछ वैदिक विद्वान् मानते हैं। कुछ विद्वानों की मान्यता है कि आज के परसिया प्रान्त का नाम भी परशुराम के नाम से ही है। कुछ भी हो इस प्रकार के शब्दों का भारतीय महापुरुषों के साथ समन्वय करके देखने से यह तो स्पष्ट हो ही जाता है कि इन सभी प्रान्तों में कभी भारत के आर्य धर्म की ही दुंदुभि बजती थी।

भारत की वैदिक संस्कृति के इस गौरवपूर्ण इतिहास की हत्या मज़हब नाम के इसी महाराक्षस ने की है। जिसे भारत से द्वेष रखने वाले इतिहासकारों और लेखकों ने जानबूझकर गुमनामी के अंधकार में विलीन कर दिया है, जिससे कि भारत की वर्तमान युवा पीढ़ी अपने अतीत को न समझ सके। यहीं पर यह भी स्पष्ट होना चाहिए कि भारतीय सांस्कृतिक राष्ट्रवाद के विश्वव्यापी विस्तार को भी मज़हब नाम के राक्षस ने ही आज के सीमित क्षेत्र में रहने के लिए विवश कर दिया है।

मुसलमानों की विशेषता

मुसलमानों के किसी भी देश में रहकर उसके प्रति निष्ठावान होने या ना होने के बारे

में विद्वानों का बड़ा स्पष्ट आकलन है कि इनकी यह विशेषता होती है कि जब तक यह किसी देश में 2% होते हैं, तब तक यह बहुत ही शान्त, सहिष्णु और कानून के अनुसार चलने वाले सुसभ्य और सुशिक्षित व्यक्ति के रूप में अपने आपको दिखाने का प्रयास करते हैं। जैसे मुस्लिमों की जनसंख्या अमेरिका, ऑस्ट्रेलिया, कनाडा, चीन, इटली और नॉर्वे में मुस्लिमों की जनसंख्या अभी 0.6 प्रतिशत से 2% तक की ही है, तो यहाँ पर ये अपने आपको बहुत अधिक सहिष्णु और संविधान के अनुसार चलने वाले नागरिक के रूप में प्रस्तुत करते हैं।

मुस्लिमों के बारे में यह भी एक कुख्यात तथ्य है कि जब इनकी संख्या 2% से 5% के बीच हो जाती है, तब ये धर्मावलम्बियों में अपना 'धर्मप्रचार' करना आरम्भ करते हैं। धर्म प्रचार के माध्यम से ये लोग अन्य सम्प्रदायों के निम्न वर्ग के लोगों को अपना निशाना बनाते हैं। उन्हें अपने सम्प्रदाय में मिलाकर अपनी संख्या बढ़ाने का प्रयास करते हैं। जिससे कि उस देश या स्थान के जनसांख्यिकीय आँकड़े को बिगाड़ा जा सके। निर्धन वर्ग के लोगों को इस प्रकार अपने सम्प्रदाय में मिलाना इन लोगों के लिए उस समय इसलिए भी आवश्यक होता है कि ये अपनी जनसंख्या में बड़ी तेजी से परिवर्तन करना चाहते हैं। डेनमार्क, जर्मनी, ब्रिटेन, स्पेन, थाईलैण्ड ऐसे देश हैं जहाँ पर अभी भी मुस्लिमों की जनसंख्या 5% से कम है। मुस्लिमों की जनसंख्या यहाँ पर कम होने के कारण ही अभी यहाँ इस्लामिक आतंकवाद अपने भयंकर स्वरूप में दिखायी नहीं देता। यद्यपि यहाँ की सरकारें भी मुस्लिमों के इस प्रकार के खेल को समझ चुकी हैं। यही कारण है कि अमेरिका मुट्ठी भर मुसलमानों की गतिविधियों पर भी बहुत अधिक सावधानी बरत रहा है। वह कोई भी ऐसा खतरा मोल लेना नहीं चाहता जिससे उसके देश का भविष्य बिगड़े।

5% से अधिक जनसंख्या होते ही मुस्लिम लोग सम्बन्धित देशों की. सरकारों और सामाजिक संगठनों पर अपना दबदबा बनाना आरम्भ कर देते हैं। तब ये सामाजिक संगठन बनाकर धरना प्रदर्शन कर या अन्य किसी भी ऐसे उपायों से सरकारों पर दबाव बनाने का प्रयास करते हैं जिनके चलते सरकारें उनके दबाव में आना आरम्भ हो जाती हैं। पश्चिम के कई देशों में उन्होंने हलाल का मांस रखने के लिए कई सरकारों को या संगठनों को विवश किया। इन देशों में फ्रांस, फिलीपीन्स, स्वीडन, स्विटजरलैण्ड, नीदरलैण्ड, त्रिनिदाद और टोबैगो का नाम विशेष रूप से उल्लेखनीय है।

10% से ऊपर जनसंख्या होते ही मुस्लिम लोग सम्बन्धित क्षेत्र या देश में अपनी शरीयत को लागू कराने की बात करने लगते हैं। तब इनको उस देश के संविधान, संविधानिक मर्यादा और संवैधानिक नियमों में से दुर्गंध आने लगती है, और यह इस

योजना पर कार्य करने लगते हैं कि इस देश के प्रमुख संविधान, नियम और व्यवस्थाओं को परिवर्तित कर शरीयत के अनुसार ढाला जाएगा, तभी अच्छा रहेगा। अपनी इसी प्रकार की सोच और योजना को सिरे चढ़ाने के लिए धीरे-धीरे ये सम्बन्धित क्षेत्र या देश के कानून को अपने लिए बाधा कहना आरम्भ करते हैं और वहाँ पर निजी कानून को लाकर उसके अनुसार चलने की बात कह कर सरकारों के लिए कानून व्यवस्था की स्थिति पैदा करने लगते हैं। इसके लिए तोड़फोड़, धरना प्रदर्शन आदि के हथकंडे भी अपनाए जाते हैं। फ्रांस के दंगे, डेनमार्क का कार्टून विवाद और एमस्टरडम में गाड़ियों पर हमला -ये सब कुछ मुस्लिमों की ऐसी ही सोच को प्रकट करने वाले उदाहरण हैं।

मुस्लिम जनसंख्या 20% से ऊपर होते ही संबंधित क्षेत्र या देश में जेहादी बातें होने लगती हैं। मज़हबी असहिष्णुता और हत्याओं का दौर आरम्भ हो जाता है। जिससे लोगों को भय और आतंक दिखाकर मुस्लिम बनने के लिए प्रेरित किया जा सके। भारत में ऐसी घटनाएँ दिन प्रतिदिन बढ़ती जा रही हैं तो उसका कारण यही है कि अब मुस्लिमों की संख्या यहाँ अपनी उस सीमा को छू गई है जो जिहाद के लिए अपेक्षित मानी गई है।

...फिर होती हैं सामूहिक हत्याएं

जनसंख्या के 40% के स्तर से ऊपर पहुँच जाने पर बड़ी संख्या में सामूहिक हत्याएँ, आतंकवादी कार्रवाइयाँ आदि चलाने लगते हैं। ऐसी घटनाएँ बोस्निया, चाड, लेबनान जैसे देशों को इस समय बड़ी मात्रा में भुगतनी पड़ रही हैं, जहाँ पर मुस्लिमों की जनसंख्या 40% से अधिक हो चुकी है। जब इन लोगों की जनसंख्या किसी भी क्षेत्र या देश में 60% के आँकड़े को छूती है तो वहाँ पर सामूहिक आधार पर अन्य सम्प्रदाय या वर्ग के लोगों का 'सफाई अभियान' आरम्भ कर दिया जाता है। भारत के कश्मीर में यही हुआ है।

अल्बानिया, मलेशिया, कतर, सूडान आदि में मुस्लिमों की जनसंख्या 60% से अधिक हो चुकी है जहाँ पर इस प्रकार की घटनाएँ नित्य प्रति घटित हो रही हैं। जैसे ही जनसंख्या 80% के पार होती है तो उस स्थिति में सफाई बड़े स्तर पर की जाती है, जिसमें सरकारी संरक्षण भी स्पष्ट रूप से मिलता हुआ दिखाई देता है। इस प्रकार अन्य सम्प्रदायों के 20% लोगों के मौलिक अधिकारों को छीनना या उनका हनन करना मुसलमान अपना मौलिक अधिकार समझ लेते हैं।

यह ध्यान रहे कि ऐसा उसी देश में हो रहा होता है जहाँ कभी मुसलमान जब स्वयं 20% से कम थे तो उस समय वह अपने मौलिक अधिकारों का पूर्ण उपभोग कर रहे थे, लेकिन जब दूसरे सम्प्रदाय उसी देश में 20% रह गये तो उनके मौलिक अधिकारों को

छीन लेना ही मुस्लिमों का मौलिक अधिकार हो गया। तब किसी अल्पसंख्यक समुदाय के अधिकारों की बात करने वाला और सुनने वाला भी उस देश में कोई नहीं रहता, अर्थात् पूरा देश ऐसी अल्पसंख्यक आबादी के लिए एक जेलखाना बनकर रह जाता है। ऐसी अवस्था को प्राप्त होते ही कोई भी देश बड़ी शीघ्रता से शत प्रतिशत मुस्लिम बनने की दिशा में आगे बढ़ता है। तब हम बहुत शीघ्र ही यह देखते हैं कि वह देश पूर्णतया मुसलमान हो गया होता है। इस्लाम के गुणगान करने वाले. इतिहासकार और कलमकार तब बड़ी शेरदिली से यह लिखते हैं कि यह देश भी इस्लाम के भाईचारे से प्रभावित होकर 'इस्लाममय' हो गया और इस प्रकार विश्व में एक और इस्लामिक देश का उदय हो गया है।

अपनी इसी योजना पर काम करते हुए कई देश ऐसे हैं जो अब 80% से अधिक मुस्लिम आबादी वाले हो चुके हैं। इनमें प्रमुख हैं बांग्लादेश (83%) मिस्र (90%), गाजा पट्टी (98%), ईरान (98%), ईराक (97%), जोर्डन (93%), मोरक्को (98%), पाकिस्तान (97%), सीरिया (90%), संयुक्त अरब अमीरात (96%) जबकि अफगानिस्तान, सऊदी अरब, सोमालिया, यमन ऐसे देश हैं जहाँ पर सारी जनसंख्या इस्लाम को स्वीकार कर चुकी है।

(ये सारे आँकड़े डॉ. पीटर हैमण्ड की पुस्तक 'स्लेवरी, टेररिज्म एण्ड इस्लाम -द हिस्टोरिकल रूट्स एण्ड कण्टेम्परारी थ्रेट तथा लियोन यूरिस -'द हज' में आपको विस्तार से मिल सकते हैं।)

शून्य से सौ तक पहुँचने का यह पूरा का पूरा खेल बहुत सुनियोजित षड्यंत्र के अंतर्गत खेला जाता है। जिसके पीछे केवल और केवल मज़हब नाम का राक्षस खड़ा होता है। उस राक्षस को बड़ी सावधानी से छुपाया जाता है। उसके छुपाने के दृष्टिकोण से भाईचारा, शांति, अमन आदि शब्दों का बार-बार प्रयोग किया जाता है और उनके झाँसे में देश के देश ले लिए जाते हैं। जब तक लोगों की आँखें खुलती हैं तब तक पता चलता है कि बहुत कुछ विनाश हो चुका होता है।

भारत के धर्मनिरपेक्ष नेताओं को मज़हब के इस पूरे खेल को समझने के लिए इस्लाम की इस विनाशकारी योजना को समझने की आवश्यकता है। आज जिन लोगों की आँखें खुली हुई हैं वह न केवल पीछे का बहुत कुछ देख रहे हैं अपितु भारत के भविष्य के बारे में भी उन्हें बहुत कुछ दिखाई दे रहा है। समय अभी भी है, जब देश के लोगों को 'मज़हब नहीं सिखाता आपस में बैर रखना' की मूर्खतापूर्ण अवधारणा से बाहर निकलकर इस बात को समझ लेना चाहिए कि मज़हब ही है जो लोगों को परस्पर बैर रखना सिखाता है।

मज़हब ही है दुश्मन मज्जहब ही है कातिल,
इंसाफ का लुटेरा ढहाता अमनोचैन की मंजिल।
जहालत है इसके यहाँ सुकून के फूल खोजना,
चमन में आग लगाता है नहीं सम्मान के काबिल।।

यह बात भी समझने योग्य है कि जिन देशों का 100% इस्लामीकरण हो जांता है -शान्ति, भाईचारा और अमन वहाँ भी स्थापित नहीं होता। वहाँ जाकर भी इनकी शान्ति का तथाकथित अमृत कलश फूट जाता है और जब फूटता है तो पता चलता है कि उसमें भी अमृत ना होकर वैर का विष भरा हुआ था। जिसका परिणाम हम देखते हैं कि तब लोग जातीय आधार पर लड़ने, झगड़ने और एक-दूसरे की हत्या करने के कामों में लग जाते हैं।

सच्चाई का बहुत देर बाद जाकर पता चलता है

जिन लोगों को बलात् मुसलमान बनाया गया होता है वह बलात् मुसलमान बनाने वाले लोगों के विरुद्ध आक्रोश और क्रोध से भरे रहते हैं। जो बलात् मुसलमान बनाते हैं वह मुसलमान बनने वालों के प्रति इस भाव से भरे रहते हैं कि यह हमसे नीच हैं, पहले यह हिन्दू रहे थे, इसलिए इनको साथ लगाना उचित नहीं है। लोगों की मानसिकता होती है कि यह पहले से ही हमारे गुलाम रहे हैं और आज भी हमारे गुलाम हैं। इस प्रकार यह जातीय विद्वेष भाव उन लोगों के बीच कलह और संघर्ष का कारण बन जाता है। इस्लाम के लोगों के इस प्रकार के षड़यंत्र और मानसिकता को समझकर ही पता चलता है कि मज़हब ही है जो सभ्यताओं को गटक जाता है।

कुल मिलाकर 100% इस्लामिक जनसंख्या बनाने के उपरान्त भी लोगों को वही दुःख, कष्ट, क्लेश, पछतावा, अपराध, हिंसा आदि ही मिलते हैं। तब पता चलता है कि जिस शान्ति की खोज में हम निकले थे वह तो यहाँ आकर हमसे और भी अधिक दूर हो गई। भीतर का भटकाव इतना अधिक बढ़ जाता है कि व्यक्ति एक ऐसी जेल में पड़ा हुआ अपने आपको पाता है कि वह जितना बाहर निकलने के लिए छटपटाता है उतना ही उसकी यातनाओं में अपने आपको फंसा हुआ अनुभव करने लगता है।

अधिक उलझा देना मज्जहब का काम है। मज़हब अज्ञानता, संकीर्णता, पाखण्ड, वास्तव में भटकाव से बचाना धर्म का काम है और भटकाव में और अधिक उलझा देना मज़हब का काम है मज़हब, अज्ञानता, संकीर्णता,पाखंड ढोंग व अत्याचार की मानवीय दुर्बलताओं को और अधिक बलवती करता है और संसार में रक्तपात की भावनाओं को बढ़ाता है। जबकि धर्म इन सभी उत्पातों को शान्त कर मानवता का पाठ पढ़ाकर मानव को

मानव से ऊपर उठाकर दिव्य और भव्य बनाने की योजना पर कार्य करता है। इस्लाम धर्म की इस भावना से बहुत दूर है।

निश्चय ही इस प्रकार की दयनीय स्थिति से संसार को निकालने के लिए छद्म धर्मनिरपेक्ष नेताओं, बुद्धिजीवियों और मुस्लिम विद्वानों को विचार करना चाहिए। बिना किसी प्रकार के साम्प्रदायिक चिन्तन को अपनाए इन लोगों को इस सच को स्वीकार कर संसार के लोगों को इससे बचाने के लिए गम्भीर प्रयास करने चाहिए। सारे निर्णय, सारी सोच और सारा चिन्तन मानवतावाद पर आधारित होना चाहिए। जहाँ-जहाँ भी मज़हबी लोग मज्जहब के आधार पर लोगों के बीच में हिंसा और द्वेष के भाव को बढ़ाने का काम कर रहे हैं उन्हें समाज विरोधी, देश विरोधी और मानवता विरोधी कार्यों में लगे होने के कारण कानून को सौंपना चाहिए। जबकि जो लोग मानवतावादी चिन्तन को अपनाकर मनुष्य मनुष्य के बीच के भेदभाव और दूरी के विचार को मिटाने में लगे हुए हैं उन्हें मानवता का हितचिन्तक समझकर प्रोत्साहित करना चाहिए।

❒

अध्याय-4

इस्लामिक आक्रमण और हिन्दू दमन

उत्पीड़न और मज़हब का चोली दामन का साथ है। जहाँ मज़हबी सोच है वहाँ विपरीत सम्प्रदाय के लोगों का उत्पीड़न अवश्य है। उत्पीड़न मज़हब के उग्रवादी स्वरूप को प्रकट करता है। जहाँ तक इस्लाम की बात है तो इसके मानने वाले प्रत्येक शासक ने अपने शासनकाल में पहले दिन से ही काफिरों, विधर्मियों या विपरीत सम्प्रदाय वाले लोगों के साथ उत्पीड़नात्मक कार्यवाही करने में किसी प्रकार की कमी नहीं छोड़ी।

भारत वर्ष के इतिहास पर भी यदि दृष्टिपात किया जाए तो पता चलता है कि यहाँ भी लोगों का जिस दिन से इस्लाम से परिचय हुआ उसी दिन से उग्रवाद और उत्पीड़न की कार्यवाही के काले पृष्ठ भारत के इतिहास के साथ जुड़ने लगे। भारतवर्ष के सम्पर्क में आते ही इस्लाम के आक्रमणकारियों ने यहाँ के असंख्य लोगों का बलात् धर्म परिवर्तन कराने के साथ-साथ उन पर अमानवीय अत्याचार करते हुए ऐसे -ऐसे निर्दयतापूर्ण नरसंहार किए जिनका उल्लेख करने मात्र से लेखनी काँप जाती है। कांग्रेस और कम्युनिस्ट लोगों ने जानबूझकर इस्लाम के उन सभी अत्याचारों को इतिहास की पुस्तकों से हटा दिया है। उन्होंने यह काम इस्लामी तुष्टीकरण करते हुए किया है। यह अलग बात है कि इसके उपरांत भी स्वयं इस्लाम के लेखकों द्वारा लिखी गई पुस्तकों और तत्कालीन भारतीय समाज के लोगों द्वारा लिखे गए अन्य विवरणों से सब कुछ पता चल जाता है कि किस प्रकार मुसलमानों ने अपने शासनकाल में हिंदुओं पर अमानवीय अत्याचार किये थे?

इस्लाम के शासकों के इस प्रकार के अत्याचारों को इस्लामी पक्ष के तथाकथित विद्वानों और इतिहास लेखकों ने भारत के इतिहास से या तो हटा दिया है या उन्हें बहुत कम कर के स्थान दिया है। यद्यपि कई ऐसे निष्पक्ष मुस्लिम विद्वान् भी रहे हैं जिन्होंने अपने-अपने शासकों के शासनकाल में हुए साम्प्रदायिक अत्याचारों या दंगों का पूर्णतया सटीक

चित्रण किया है और निष्पक्ष जानकारी हमें दी है।

मिटाये गये शिक्षा केन्द्र

धर्म स्थलों का विनाश किया गया। शिक्षा के ऐसे कई भव्य मन्दिरों का विनाश इन साम्प्रदायिक इस्लामिक शासकों के शासनकाल में हिन्दुओं के अनेक धर्म स्थलों का विनाश किया गया। शिक्षा के ऐसे कई भव्य मंदिरों का विनाश किया गया जो कभी अपने समय में सम्पूर्ण संसार के शिक्षा केंद्र के रूप में विख्यात रहे थे। इन शिक्षा केंद्रों से उस समय का सारा संसार लाभान्वित होता था। कितने ही ज्ञान-विज्ञान के आविष्कार इन शिक्षा केंद्रों, विश्वविद्यालयों एवं गुरुकुलों के माध्यम से उस समय किए गए थे। वास्तव में ये विश्वविद्यालय या गुरुकुल व्यष्टि से समष्टि के कल्याण के लिए कार्य करते थे। मनुष्य को मनुष्य बनाकर उसे एक सभ्य नागरिक के रूप में समाज को दिया जाता था, जो समाज, राष्ट्र और विश्व निर्माण की प्रक्रिया में एक यंत्र के रूप में सम्मिलित होकर काम करता था।

ज्ञान विज्ञान के इन सारे केंद्रों को नष्ट करना मानवता का बहुत बड़ा अहित था। इन शिक्षा केंद्रों का विध्वंस होना कुछ ईंटों की दीवारों का गिर जाना मात्र नहीं था, बल्कि इनका गिरना मानवता का पतित होना इतिहास में उल्लेखित किया जाना अपेक्षित था। जिसे इतिहासकारों ने केवल ईटों की कुछ दीवारों का गिर जाना मात्र ही माना है। जिससे इस प्रकार के इतिहासकारों की निष्पक्षता भी संदिग्ध हो जाती है। भारत में ज्ञान विज्ञान का उल्लेख करना भी इतिहास का एक आवश्यक अंग माना गया है। जबकि वर्तमान प्रचलित इतिहास ज्ञान विज्ञान के केंद्रों के विध्वंस पर विलाप करना भी उचित नहीं मानता। इससे स्पष्ट होता है कि यह इतिहास राजनीतिक लोगों की गुलामी करने वाले चाटुकार इतिहासकारों के द्वारा लिखा गया है।

क्रूरता और अपराध पर वाणी हो गई मौन।
पाप पर हुए शांत सब सच को सच कहे कौन?

देशों का हिन्दू अतीत

मज़हबी आधार पर लोगों के बीच भेदभाव करने और उन पर अत्याचार करने के लिए प्रसिद्ध रहे मुस्लिम शासकों द्वारा हिन्दुओं को गुलाम बना-बनाकर मण्डियों में कौड़ियों के दाम बेचा गया। अनेक लोगों को यहाँ से गुलाम बनाकर अपने देश ले जाकर वहाँ उनके साथ कैसे-कैसे व्यवहार किए गए? -उनका उल्लेख किया जाना भी असम्भव है, क्योंकि यह सब इतिहास के अंधकार में ऐसे विलीन हो गए हैं जैसे थे ही नहीं। चाहे आज

पाकिस्तान, अफगानिस्तान, मलेशिया जैसे देश पूर्णतया इस्लाम के रंग में रंग गए हैं, परन्तु वहाँ जो लोग आज निवास कर रहे हैं उनके पूर्वजों को इस्लाम के इसी प्रकार के अत्याचारों से गुजरना पड़ा है। उन अत्याचारों के फलस्वरूप ही आज वहाँ पर इस्लाम का परचम लहरा रहा है। इन सभी देशों का हिन्दू अतीत रहा है। जिसे या तो वे अब जानते नहीं हैं या जानकर भी उस पर मौन रह जाते हैं। भारत के लोगों को भी ऐसा इतिहास पढ़ाया जाता है जिससे वे इन देशों के हिन्दू अतीत के बारे में परिचित ना हो सकें।

कितना दुर्भाग्यपूर्ण तथ्य है कि पाकिस्तान, अफगानिस्तान और मलेशिया के ये लोग अपने पूर्वजों के उस समय के बलिदान को न तो बलिदान कह सकते हैं और न ही अपने धर्म को बचाए रखने की उनकी प्रतिज्ञा का गुणगान कर सकते हैं? वे बेचारे केवल एक बात जानते हैं कि 'जाहिल लोग' उस समय यहाँ रहते थे और उनको मार काटकर यहाँ पर इस्लाम ने अपना 'भाईचारा' फैलाने का काम आरम्भ किया था। वह जानते हुए भी उन तथाकथित 'जाहिल लोगों' को अपना पूर्वज कहने में संकोच करते हैं। यह बात तो समझ आ सकती है कि इन देशों के लोग अपने पूर्वजों को जाहिल कहें या समझें, परंतु भारत के लोग भी उस समय के पाकिस्तानियों को जाहिल ही कहें, यह बात समझ नहीं आती। क्योंकि पाकिस्तान समेत इन सभी देशों के पूर्वज राम और कृष्ण की सन्तानें रही हैं।

राम-कृष्ण थे पूर्वज नहीं रहा यह ज्ञान।
सच को सच नहीं मानते फैल गया अज्ञान।।

मज़हब की यह नीचता, मज़हब का प्रकोप।
मज़हब की यह दुष्टता, किया सत्य का लोप।।

इस दृष्टिकोण से देखा जाए तो मज़हब व्यक्ति को सबसे पहले अपने गौरवपूर्ण इतिहास से काटता है। अपने पूर्वजों से काटता है और उस श्रृंखला से काट देता है जो सृष्टि के प्रारम्भ से उसे किसी कुल व गोत्र परंपरा से जोड़े रखने का काम करती है। मज़हब के इसी विशेष गुण से प्रभावित होकर भारत के मुस्लिम अपने आपको राम और कृष्ण की सन्तान कहने से संकोच करते हैं। यहाँ तक कि वह इस तथ्य को जानकर भी उससे दूरी बनाकर रखते हैं कि हमारे पूर्वज भी कभी हिन्दू थे।

मोहम्मद बिन कासिम का आक्रमण और हिन्दू

यूँ तो अरब वालों के आक्रमण भारत पर 638 ईस्वी से ही प्रारम्भ हो गए थे, परन्तु प्रमुख आक्रमणकारी के रूप में मोहम्मद बिन कासिम 712 ईस्वी में भारत आया, जिसने

सिंध के तत्कालीन हिन्दू राजा दाहिर से युद्ध किया। राजा दाहिर ने अपने देश की संस्कृति व धर्म की रक्षा के लिए प्राण-पण से युद्ध किया। युद्ध के उपरान्त मोहम्मद बिन कासिम ने अनेक प्रकार के अत्याचार किए। इसका कारण केवल एक ही था कि वह भारत पर इस्लाम के साम्राज्यवादी चिन्तन को लेकर चढ़कर आया था। इस्लाम का प्रचार-प्रसार करना और विधर्मियों का विनाश करना उसकी तलवार का प्रमुख उद्देश्य था।

अपनी तलवार के इसी उद्देश्य से प्रेरित होकर मोहम्मद बिन कासिम ने अनेकों मन्दिरों का विध्वंस किया और काफिर हिन्दुओं को दण्डित करने के दृष्टिकोण से अनेकों मूर्तियों को विखण्डित कर दिया। उसने कितने ही लोगों का बलात् धर्म परिवर्तन किया और बहुत से भारतवासियों को यहाँ से गुलाम बनाकर इराक भेज दिया गया।

दमन और अत्याचार के गाड़ दिए स्तम्भ।
शिकारगाह भारत बना सफल हुए प्रपंच।।

मोहम्मद बिन कासिम के नेतृत्व में किए गए इस आक्रमण का एक उद्देश्य भारत के मन्दिरों की लूट भी था। उस समय कराची में समुद्र के किनारे पर स्थित एक मन्दिर की बुर्जी पर बहुत बड़ी मात्रा में सोना मँढा हुआ था, जिसे अरब के व्यापारी दूर से देखा करते थे। मन्दिर के उस सोने का प्रतिबिम्ब पानी में पड़कर जब दीखता था तो वह उनके लिए बहुत अधिक लालच का विषय हो जाता था। उसी से प्रेरित होकर अरब के व्यापारियों ने आक्रमणकारियों का रूप बनाकर अर्थात् लुटेरे डकैत गिरोह का निर्माण कर भारत पर आक्रमण किया था। भारत के इतिहास में अंग्रेजों को तो व्यापारी के रूप में आए लुटेरे के रूप में पढ़ाया जाता है, परन्तु वास्तव में इन इस्लामिक लुटेरों के बारे में यह तथ्य स्पष्ट नहीं किया जाता कि ये सब किस आधार पर डकैत बनकर भारत आए और देर तक यहाँ डकैती मारते रहे। यदि उन लोगों की आस्था मन्दिरों में होती और मानवता उनके विचारों में कहीं स्थान प्राप्त किए होती तो वह भारत पर साम्प्रदायिक दृष्टिकोण के वशीभूत होकर कभी आक्रमण नहीं करते।

महमूद गजनवी के आक्रमण

महमूद गजनवी मोहम्मद बिन कासिम के बाद भारत पर आक्रमण करने वाला एक प्रमुख इस्लामिक आक्रमणकारी था। इसने भी अपने समय में भारत पर इस्लामिक मज़हबी दृष्टिकोण से प्रभावित होकर ही आक्रमण किया था। मन्दिरों की लूट और भारत में इस्लाम का प्रचार-प्रसार करना उसका भी प्रमुख उद्देश्य था। यही वह विदेशी आक्रमणकारी था

जिसने 1026 ई0 में भारत के प्रसिद्ध सोमनाथ मन्दिर पर भी आक्रमण किया था। यद्यपि गुर्जर शासक भीमदेव के नेतृत्व में इस विदेशी आक्रमणकारी को वहाँ से भगाने में भारत को सफलता मिली, परंतु इसके पश्चात् कई बार भारत की सांस्कृतिक अस्मिता के प्रतीक सोमनाथ के मन्दिर को तोड़ने का काम विदेशी मुस्लिम आक्रमणकारियों ने किया। उनका यह कार्य साम्प्रदायिक विद्वेष भाव से प्रेरित होकर ही किया गया था।

हमें यह भी ध्यान रखना चाहिए कि भारत के 50000 योद्धाओं के बलिदान के पश्चात् ही महमूद गजनवी सोमनाथ के मन्दिर को तोड़ने में सफल हुआ था। उस समय गुर्जरेश्वर भीमदेव भी उस विदेशी लुटेरे शासक के विरुद्ध आक्रमणकारी के विरुद्ध संघर्ष कर रहे थे। वह स्वयं भी युद्धभूमि में गम्भीर रूप से घायल हो गए थे। उनके घायल होने के उपरान्त ही महमूद गजनवी मन्दिर विध्वंस के अपने कुकृत्य को करने में सफल हो पाया था। जब राजा भीमदेव को होश आया तो उन्होंने जालौर व अजमेर जैसे अन्य राज्यों के राजाओं से संपर्क साधा और सोमनाथ के मन्दिर के तोड़े जाने की घटना को राष्ट्रीय अस्मिता से जुड़ा प्रश्न बताकर इस विदेशी आक्रमणकारी का मिलकर सामना करने का निवेदन उन राज्यों के शासकों से किया। ऐसा करके राजा ने उन राजाओं के सम्मान को झकझोरने का तो प्रयास किया ही साथ ही अपने स्वयं के राष्ट्रभक्त और राष्ट्रवादी होने का प्रमाण भी दिया।

भीम ही शक्ति हमारी भीम हमारी वीरता,
भीम हमारा पराक्रम भीम हमारी धीरता।

भीम को पहचान लो ए हिंद के प्रहरियों!
भीम हमारा तेज है भीम हमारी तेजस्विता।।

यह एक अच्छी बात थी कि जिन राजाओं से राजा भीमदेव ने सैनिक सहायता प्राप्त करने का आवेदन किया था उन सबने राजा भीमदेव के इस निवेदन को स्वीकार किया।तब तक महमूद गजनवी भी सोमनाथ के इर्द-गिर्द के क्षेत्रों में रहकर मारकाट, लूट व अन्य पैशाचिक अत्याचार कर रहा था। राजा भीमदेव को उस नरपिशाच का भारत में रुकना पल-पल के लिए कठिन अनुभव होता जा रहा था। जिन राजाओं ने राजा भीमदेव को अपनी सैन्य सहायता प्रदान की उन्होंने भी राष्ट्रीय अस्मिता से जुड़े इस गंभीर प्रश्न को अपनी स्वयं की प्रतिष्ठा से जोड़कर देखा और उन्होंने यथाशीघ्र अपनी सैन्य सहायता राजा भीमदेव को उपलब्ध कराई। इन सारे तथ्यों का उल्लेख श्री के.एम. मुंशी ने अपनी पुस्तक 'इंपीरियल गुर्जर्स' में किया है। उनके द्वारा हमें ज्ञात होता है कि जब महमूद गजनवी भारत

में जी भरकर लूटपाट करते हुए नरसंहार करने के पश्चात् अपने देश के लिए लौट रहा था तो भारी गुर्जर सेना ने आक्रमण करके उसकी अधिकांश सेना को काट डाला था। उसके बहुत से तुर्की योद्धा कैदी हो गए थे जो बाद में हिन्दू होकर यहीं बस गए। महमूद गजनवी से अपनी पराजय का यह प्रतिशोध राजा भीमदेव और उनके साथियों ने बड़े गोपनीय ढंग से और रणनीतिक कौशल के साथ लिया था। यह दुर्भाग्यपूर्ण तथ्य है कि इतिहास में उसकी विजय तो बताई जाती है, परंतु उसको पराजय देने वाले भीमदेव और उनके साथी राजाओं के बारे में कुछ नहीं लिखा जाता।

महमूद गजनवी ने 11 वीं शताब्दी में भारत के उत्तर पश्चिम पर जब आक्रमण करने आरम्भ किए तो उसके आक्रमणों का उद्देश्य भी हिन्दू धर्म स्थलों को तोड़ना, मूर्तियों का विनाश करना और भारत का इस्लामीकरण करना था। सोमनाथ के प्रसिद्ध मन्दिर के अतिरिक्त इस विदेशी इस्लामिक हमलावर ने मथुरा, थानेसर, उज्जैन के मन्दिरों का भी बड़ी मात्रा में विध्वंस किया था। उसके दरबार के इतिहासकार अल-उत्बि के अनुसार भारत पर उसके आक्रमण इस्लाम के प्रसार और गैर-इस्लामिक प्रथाओं के विरुद्ध एक जिहाद का भाग थे।

उसके बारे में इतिहास का यह भी एक कुख्यात तथ्य है कि इस्लाम की उग्र मज़हबी सोच और हिन्दू विरोधी भावना के वशीभूत होकर उसने केवल मथुरा से ही 5000 हिन्दुओं को गुलाम बनाया। गुलाम बने अपने इन हिन्दू परिजनों और प्रियजनों को बचाने के लिए उस समय कितने लोगों ने अपना बलिदान दिया होगा और इस सारी स्थिति में कितना बड़ा साम्प्रदायिक दंगा फैला होगा? -इसका कहीं कोई उल्लेख नहीं मिलता। लगता है उसे जानबूझकर दबा दिया गया, जिससे कि ऐसा लगे कि हिन्दू ने अपने ऊपर हो रहे इस्लामिक अत्याचारों का कहीं प्रतिशोध नहीं किया या इस भ्रान्त धारणा को स्थापित किया जा सके कि इस्लाम ने बड़ी शान्ति के साथ भारत के लोगों का इस्लामीकरण किया था।

-इसी प्रकार के दंगे इस्लाम के आक्रमणकारियों या शासकों के द्वारा रचाये गए प्रत्येक नरसंहार और उसके बाद लोगों को गुलाम बनाने की लगी मंडियों के विरोध में होते रहे होंगे, जो हिन्दुओं के प्रतिशोध के ही प्रतीक थे, पर उन्हें भी इतिहास में कहीं स्थान नहीं दिया गया।

इस्लाम के भारत में प्रचार की वास्तविकता

जो लोग यह कहते हैं कि इस्लाम के हर एक आक्रमणकारी ने भारत में शान्ति के मज़हब इस्लाम को शान्ति के द्वारा ही प्रचारित-प्रसारित किया और उन्होंने हिन्दुओं के प्रति

कभी कोई साम्प्रदायिक सोच नहीं रखी, उन्हें समझना चाहिए कि सामरिक इतिहासकार विक्टोरिया स्कोफील्ड के अनुसार, "महमूद गुजनवी के पिता ने काबुल घाटी व गांधार को हिन्दुओं से मुक्त करने का प्रण लिया था, जिसे उसके उत्तराधिकारी ने कायम रखा। 980 ई. तक गान्धार इलाके पर हिन्दूशाही राजाओं का राज था, जिनके अन्तिम राजा जयपाल को सुबुक्तगीन ने परास्त किया था।"

हिन्दूकुश पर्वत का सच

आज जिसे हम हिन्दूकुश पर्वत के नाम से जानते हैं यहाँ भी अनेक हिन्दुओं को इस्लाम की साम्प्रदायिक तलवार के सामने अपने प्राणों की आहुति देनी पड़ी थी। इस बात की पुष्टि करते हुए इतिहासकार इब्नेबतूता ने लिखा है कि, "हिन्दूकुश पर्वत के नाम के पीछे वहाँ अनेक हिन्दुओं की मौत है जो भारत से बंधुआ गुलाम के तौर पर अरब देशों को ले जाते हुए, सर्द हवाओं और बर्फ से इन पहाड़ियों में हुयी थी।"

महमूद गजनवी ने हिन्दूकुश के इस क्षेत्र को हिन्दूविहीन करने का मानो संकल्प ही ले लिया था। उसने अपनी इस्लाम की नंगी तलवार के बल पर हिन्दुओं का जितना भी दमन किया जा सकता था उतना किया। तभी तो उसके "महमूद ने इस इलाके को समकालीन इतिहासकार अलबरूनी के अनुसार-इतना प्रभावित किया कि सभी हिन्दू इस क्षेत्र को छोड़ कर चले गये और कश्मीर, वाराणसी व अन्य स्थानों में चले गये, जहाँ हमारे हाथ नहीं पहुँच सकते।"

इस उदाहरण से पता चलता है कि हिन्दुओं को अपनी मातृभूमि छोड़ने के लिए अनेकों बार वैसे ही बाध्य होना पड़ा है जैसे हमारी आँखों देखते-देखते कश्मीर घाटी को छोड़ने के लिए बाध्य होना पड़ा।

1989 में पश्चिम बंगाल की मार्क्सवादी सरकार ने आदेश जारी कर व्यवस्था जारी की थी कि मुस्लिम शासकों द्वारा हिन्दुओं पर किए गए अत्याचारों और उनके मन्दिरों के तोड़े जाने की घटनाओं का उल्लेख इतिहास में न किया जाए।

इस प्रकार कम्युनिस्ट सरकार ने अपने हिंदू विरोधी और भारत विरोधी होने का परिचय दिया। यद्यपि चीन और रूस में मुसलमानों के साथ कैसा व्यवहार किया जाता रहा है? उसे भारत का मुसलमान भली प्रकार जानता है। परंतु अपने तात्कालिक लाभ के लिए वह भी कम्युनिस्ट लोगों का साथ देता हुआ दिखाई देता है। कम्युनिस्ट वर्तमान में अपने राजनीतिक स्वार्थ को साधने के लिए ही इस प्रकार का आचरण करते हुए दिखाई देते हैं। इस प्रकार 'चोर-चोर मौसेरे भाई' वाली कहावत इन दोनों के बारे में सार्थक सिद्ध हो रही

है और ये दोनों 'चोर-चोर मौसेरे भाई' मिलकर हिंदुत्व का और भारतीयता का विनाश कर रहे हैं।

रोमिला थापर का देशविरोधी आचरण

मुस्लिम अत्याचारों का पूरी तरह बचाव करने के लिए विख्यात वामपन्थी इतिहासकार प्रोफेसर रोमिला थापर ने यहाँ तक लिख दिया कि महमूद गजनवी ने कभी सोमनाथ पर आक्रमण किया ही नहीं। इसका अभिप्राय यह हुआ कि महमूद गजनवी के समकालीन लेखकों या इतिहासकारों के द्वारा यदि उसके द्वारा सोमनाथ पर किए गए आक्रमण का उल्लेख कहीं हमको मिलता है तो वह सब कुछ काल्पनिक है या उस समय के 'भगवाधारी लेखकों' की एक मनगढ़ंत कल्पना मात्र है। हमें तो इस बात पर भी प्रसन्नता है कि रोमिला थापर कम से कम यह तो मानती हैं कि उस समय सोमनाथ मंदिर अस्तित्व में था, अन्यथा उनसे तो यह भी अपेक्षा की जा सकती है कि जिस समय महमूद गजनवी यहाँ पर आया था, उस समय तो सोमनाथ मन्दिर अस्तित्व में ही नहीं था। वह यह भी सिद्ध कर सकती थीं कि महमूद गजनवीं और सोमनाथ के मंदिर की सारी कहानी झूठी है और बाद में बने मंदिर को गजनवीं के काल का दिखाने का काम हिंदुओं ने इस मानवतावादी सोच के वीर योद्धा गजनवीं को बदनाम करने के लिए किया है।

मोहम्मद बिन कासिम के आक्रमण से लेकर गजनवी के आक्रमण तक हमारे देश के लाखों हिन्दुओं ने या तो इस्लाम की साम्प्रदायिक तलवार के सामने सिर कटवाए या धर्म परिवर्तन कर इस्लाम को स्वीकार किया या अपनी बसी-बसाई गृहस्थी को उजाड़कर इधर-उधर जंगलों में भटक कर अपना जीवन यापन किया। इस प्रकार देश में उस समय बहुत अधिक अस्त व्यस्तता फैल गई थी। इस सारी अस्त-व्यस्तता के पीछे साम्प्रदायिक या मज़हबी राक्षस का मय ही काम कर रहा था।

अस्त-व्यस्त शासन हुआ हिन्दू था भयभीत।
मज़हब ताण्डव कर रहा युद्ध रहा था जीत।।

'गजनवी का सुल्तान महमूद' नामक पुस्तक में अलीगढ़ मुस्लिम यूनिवर्सिटी के प्रो. मुहम्मद हबीब लिखते हैं-"धन और शक्ति के लोभ से ही (महमूद गजनवी) उसने भारत पर धावा किया था।... सुल्तान का जीवन स्पष्ट बताता है कि वह चाहे जो भी हो भले गुणों का आदर्श रूप कदापि नहीं था, जैसा कि धर्मोन्मादी मुसलमानों ने उसे चित्रित किया है। उसका नैतिक चरित्र परवर्ती शासकों के समान ही था न अच्छा न बुरा। शराब साकी और संग्राम में वह उन्हीं जैसा था।"

अलबरूनी लिखता है- "महमूद ने देश की प्रगति का सत्यानाश कर दिया। नानी की कहानियों की भाँति उसने ऐसे ऐसे चमत्कार दिखाए कि हिन्दू चूर-चूर होकर धूल के कणों की भाँति चारों ओर बिखर गये। उनके बिखरे हुए टुकड़ों ने मुसलमानों से घृणा करने की एक ऐसी प्रवृत्ति को जन्म दिया है जो कभी समाप्त नहीं होगी।"

वास्तव में इस प्रकार के तथ्यों को भारत के इतिहास में स्थापित करके ही महमूद गजनवी जैसे क्रूर विदेशी आक्रमणकारियों के चरित्र का अवलोकन करना चाहिए। इतिहास को इतिहास की भाषा में बोलने दिया जाए तो ही उचित होगा।

मोहम्मद गौरी के आक्रमण

मोहम्मद गोरी ने भारत पर कई आक्रमण किए। जब वह भारत पर इस्लाम के विस्तार और यहाँ पर किसी भी प्रकार से अपना साम्राज्य स्थापित कर हिन्दुओं का विनाश करने के उद्देश्य से प्रेरित होकर बार-बार आक्रमण कर रहा था तब उसके अपने देश गौर का शासक उसका भाई गयासुद्दीन था। उसने भारतीय उपमहाद्वीप पर गोरी साम्राज्य का बहुत विस्तार किया। अपने इस उद्देश्य की प्राप्ति के लिए भारत पर उसने 1175 ई0 में पहला आक्रमण मुल्तान पर किया था। इसके पश्चात् पाटन (गुजरात) के शासक भीम द्वितीय पर मोहम्मद गौरी ने 1178 ई. में दूसरा आक्रमण किया जिसमें मोहम्मद गौरी बुरी तरह पराजित हुआ था।

जिस समय मोहम्मद गौरी भारत पर आक्रमण कर रहा था उस समय भारत की प्रमुख शक्ति के रूप में पृथ्वीराज चौहान का राज्य दिल्ली और अजमेर में स्थापित था। मोहम्मद गौरी यह भली प्रकार जानता था कि जब तक पृथ्वीराज चौहान को पराजित नहीं किया जाएगा तब तक वह भारत में अपना साम्राज्य स्थापित करने के अपने सपने को साकार होता नहीं देख पाएगा। फलस्वरूप मोहम्मद गौरी और पृथ्वीराज चौहान के बीच 1191 ई. में पहला युद्ध हुआ। जिसे तराईन का प्रथम युद्ध कहा जाता है। इस युद्ध में पृथ्वीराज चौहान की विजय हुई थी।

जबकि 1192 में ही हुए तराइन के द्वितीय युद्ध में मोहम्मद गौरी पृथ्वीराज चौहान को पराजित करने में सफल हुआ। इन दोनों युद्धों और इनसे अलग जितने भी युद्ध उसने भारत में लड़े, उन सबमें मन्दिर विनाश, हिन्दुओं का बलात् धर्म परिवर्तन और गुलाम बनाने या नरसंहार करने के वही सारे खेल उसके नेतृत्व में भी खेले गए जो अब से पूर्व के इस्लामिक आक्रमणकारियों के समय में खेले जाते रहे थे।

हिंदू विनाश उद्देश्य था मंदिर का विध्वंस।
गजनवी गौरी बन गए वर्तमान के कंस।।

इतना ही नहीं, 1194 ई0 में गौरी ने जयचन्द के राज्य कन्नौज पर भी आक्रमण किया और वहाँ भी वैसा ही विध्वंस मचाया जैसा उसने अन्य हिन्दू राजाओं के राज्य पर आक्रमण के समय मचाया था। कहने का अभिप्राय है कि उसने अपनी सहायता करने वाले जयचन्द और उसके राज्य को भी नहीं छोड़ा। इसके पीछे केवल एक ही कारण था कि जब उसे किसी काफिर के विरुद्ध किसी काफिर की सहायता लेनी अपेक्षित थी तो उस समय उसने ऐसा किया, पर जब एक काफिर को उसने मिटा दिया तो दूसरे काफिर को निपटाना भी उसका मज़हबी उद्देश्य हो गया था। कहने का अभिप्राय है कि जयचन्द को निपटाने के लिए उसे मज़हब ने प्रेरित किया और उसका भाईचारा नंगी तलवार लेकर जयचन्द का गला उतारने के लिए चल पड़ा।

❐

अध्याय-5

मज़हबी सल्तनत काल में हिन्दुओं का दमन

500 वर्ष से अधिक समय तक भारत पर आक्रमण करते रहने के कई प्रयासों के पश्चात् 1206 ई0 में इस्लाम 'दास वंश' के नाम से भारत के कुछ भाग पर अपना शासन स्थापित करने में सफल हो गया। यह भी एक संयोग ही है कि जो इस्लाम भ्रातृत्व भाव की बात करता है, भारत में उसके पहले वंश का नाम 'गुलाम वंश' या दास वंश था।

गुलाम वंश के नाम से ही इस्लाम के भाईचारे की पोल खुल जाती है कि संसार से दासत्व भाव को समाप्त करना इस्लाम का उद्देश्य नहीं था, अपितु दासत्व भाव का प्रचार-प्रसार कर स्वतन्त्र जातियों को प्रताड़ित करना इसका उद्देश्य था। वैसे भी भाईचारे और दासत्व का कोई सम्बन्ध नहीं है। संसार में स्वामी और दास की परंपरा इस्लाम की देन है। यह विचार भारत की वैदिक संस्कृति के सर्वथा विपरीत है। यही कारण है कि भारत में कहीं पर भी स्वामी और दास का कोई संबंध या अस्तित्व दिखाई नहीं देता। स्वामी और दास की यह परंपरा शोषण की प्रतीक है। इसमें सर्वत्र शोषण है। दोहन है। अत्याचार है। पापाचरण है। जहां पर ये सारी पापपूर्ण प्रवृत्तियां उपस्थित होती हैं, वहां पर आप यह कल्पना नहीं कर सकते कि यहां भाईचारे की भी कोई बात हो सकती है।

सम्मान भाव मिटाया गया

जिन लोगों ने अपने आपको मुस्लिम तुर्क शासकों का गुलाम समझा और इस गुलाम शब्द में भी एक आकर्षण अनुभव किया वे लोग वास्तव में पूर्णतया स्वाभिमान शून्य लोग थे। उनके भीतर से मुस्लिम तुर्क क्रूर शासकों के द्वारा स्वाभिमान के भाव को समाप्त कर दिया गया था। जबकि आर्य हिन्दू जाति किसी के भी स्वाभिमान का सौदा करने में विश्वास नहीं रखती। यद्यपि हिन्दू समाज में भी सन्त परम्परा में दास लोग मिलते हैं, पर वह भी भारतीय ज्ञान विज्ञान की आर्य परम्परा में उपयुक्त नहीं है। यह दास परम्परा भी भारत में उस

समय में विकसित हुई जब अज्ञान, अविद्या और पाखण्ड के बादल चारों और गहरा गए थे। हमारे यहाँ तो मुक्ति के अभिलाषी आर्यपुत्र होने की परम्परा रही है।

मोहम्मद गौरी की मृत्यु के उपरान्त 1206 ई0 में उसके गुलाम कुतुबुद्दीन ऐबक ने भारत में पहली बार किसी विदेशी शासन की नींव रखी। उसी के द्वारा स्थापित इस नए राज वंश को गुलाम वंश के नाम से इतिहास में जाना जाता है।

-मुस्लिम इतिहासकार मौलाना हाकिम सैयद अब्दुल हाजी के विवरण के अनुसार ऐबक के शासन में धर्मान्धिता के अन्तर्गत हिन्दू, जैन, बौद्ध पूजास्थलों को तोड़ा गया। दिल्ली की पहली मस्जिद कुव्वत अल इस्लाम के निर्माण में 20 हिन्दू, जैन मन्दिरों के अवशेषों का प्रयोग किया गया था। कुतुबमीनार के आसपास पुरातन मन्दिर के अवशेष आज भी देखे जा सकते हैं, जिनके अवलोकन से यह स्पष्ट हो जाता है कि यहाँ पर प्राचीन मंदिर रहे हैं, जिनका विध्वंस करके यह कुतुबमीनार बनाई गई थी। कुतुब मीनार के विषय में हमको यह बात ध्यान रखनी चाहिए कि यह कुतुबुद्दीन के द्वारा बनाया गया कोई स्मारक स्थल नहीं है, अपितु इसे वराह मिहिर जैसे खगोलविद के द्वारा राजा विक्रमादित्य के शासनकाल में बनाया गया था। जहां रहकर अंतरिक्ष से संबंधित विभिन्न प्रकार के अनुसंधान हुआ करते थे। यहां पर वैज्ञानिकों की पूरी एक कॉलोनी अर्थात उपनगरी उस समय बसाई गई थी। उस उपनगरी को आजकल हम महरौली के नाम से जानते हैं। अधिकांश विद्वानों की मान्यता है कि कुतुबुद्दीन ऐबक एक ऐसा मुस्लिम शासक था, जिसने दिल्ली में एक दिन भी नहीं गुजारा था। तब उसके द्वारा कुतुबमीनार की स्थापना की कहानी पूरी तरह काल्पनिक ही सिद्ध होती है। कई विद्वानों की यह भी मान्यता है कि उसके द्वारा यदि कुछ बनाया भी गया था तो वह कुतुबमीनार के पास पड़े कुछ खंडहरों के अवशेष हैं,जहां पर वह कोई मीनार बनाना चाहता था, परंतु बना नहीं पाया था।

कुतुबुद्दीन ऐबक के समय में किए गए इस प्रकार के कार्यों से अब इतिहास के कई रहस्यों से पर्दा उठता जा रहा है और पता चलता जा रहा है कि दिल्ली की कुतुबमीनार को भी कुतुबुद्दीन ऐबक के नाम से इतिहास में गलत ढंग से बताया जाता रहा है। यही कारण है कि अब कुतुबमीनार की वास्तविकता का पता लगाने के लिए भी लोग न्यायालय का दरवाजा खटखटा रहे हैं।

वामपंथी इतिहासकारों की मान्यता

मुस्लिम शासकों की साम्प्रदायिक नीतियों का बचाव वामपंथी विचारधारा के इतिहासकार करते रहे हैं। ऐसे इतिहासकारों का तर्क होता है कि तुर्क आक्रमणकारियों का

भारत पर आक्रमण करने का उद्देश्य हिन्दुओं को मारना या उनकी संपत्तियों को छीनना या उन पर किसी प्रकार के अत्याचार करना नहीं था। यदि इन वामपंथी इतिहासकारों के दृष्टिकोण से इन मुस्लिम आक्रमणकारियों को देखा जाए तो ये लोग इन विदेशी आक्रमणकारियों को इस बात का प्रमाण पत्र देते हुए दिखाई देते हैं कि जैसे ये तो शुद्ध मानवीय दृष्टिकोण रखते हुए और ज्ञान बाँटने के लिए भारत में आए थे। इसके उपरान्त भी यदि इन लोगों का विरोध हिन्दू कर रहे थे तो इसमें दोष हिन्दुओं का ही था, क्योंकि वह उनके उत्कृष्ट ज्ञान को लेना नहीं चाहते थे।

वामपंथी इतिहासकारों की मान्यता है कि यदि ऐसे आक्रमणों के समय कुछ हिन्दू मारे जाते थे तो उसका कारण केवल यह होता था कि इन विदेशी तुर्क आक्रमणकारियों से युद्ध करने वाला राजा हिन्दू होता था। जिसकी सेना के लोग भी स्वाभाविक रूप से हिन्दू ही होते थे। वामपंथी इतिहासकारों के इस प्रकार के तर्क से तुर्कों के अत्याचार अत्याचार नहीं दिखाई देते। इसके साथ साथ ही उनके द्वारा किए गए हिन्दुओं के नरसंहारों का उल्लेख तो पूर्णतया विलुप्त ही कर दिया गया है। इस प्रकार के तथ्यों को गलत ढंग से इतिहास में या उस समय के साहित्य में स्थान देकर ऐसे उल्लेखित कर दिया गया है जैसे कि तुर्क आक्रमणकारियों का उद्देश्य हिन्दुओं का विनाश करना नहीं था, जो कि गलत है।

यदि कम्युनिस्ट इतिहासकारों की मानें तो हमारे हिंदू राजा और तत्कालीन हिंदू समाज के देशभक्त योद्धा इन विदेशी आक्रांताओं का सामना करके एक भारी गलती कर रहे थे। उन्हें इनका प्रतिरोध न करके इनके लिए 'लाल कारपेट' बिछानी चाहिए थी।

प्रारंभ में ही तय हो गया था कि हिन्दुओं के साथ कैसा व्यवहार किया जाए?

जियाउद्दीन बर्नी तथा डॉ. के.ए. निजाम के वर्णन से स्पष्ट है कि दिल्ली सल्तनत की स्थापना के प्रारम्भिक काल में ही यह प्रश्न उठ खड़ा हुआ था कि इस्लामिक राज्य में मूर्तिपूजक हिन्दुओं के साथ कैसा व्यवहार किया जाए? इस सन्दर्भ में दिल्ली सल्तनत के प्रथम शासक के शासन काल में हुई मुस्लिम उलेमाओं की एक परामर्श समिति 'मुस्तफा अलैहिस्सलाम' का उल्लेख किया जाना यहाँ बहुत आवश्यक है, जिसके परामर्श और मार्गदर्शन से सुल्तान कार्य करता था। इस समिति का हिन्दुओं के प्रति सियासत और सत्ता का कैसा दृष्टिकोण हो? -इस पर स्पष्ट मत था कि हिन्दू लोग पैगंबर साहब के सबसे बड़े शत्रु हैं अर्थात् समिति ने यह स्पष्ट संकेत और परामर्श अपने सुल्तान को दे दिया था कि हिन्दुओं के साथ कट्टर शत्रुता का व्यवहार करना ही पैगंबर की भावनाओं और उनकी पवित्र पुस्तक का सम्मान करना होगा।

कहना न होगा कि हिन्दू लोग 'काफिर' हैं और काफिरों का विनाश करना ही पैगंबर

और उनकी पवित्र पुस्तक का उद्देश्य है। इसलिए उन लोगों के साथ जितना हो सके क्रूरता का व्यवहार किया जाए। जितना इनका उत्पीड़न होगा उतना ही पैगंबर और पवित्र पुस्तक की भावनाओं का सम्मान हो पाएगा।

दावे की पोल खुल गई

इस समिति ने सुल्तान को यह परामर्श दे दिया था कि पैगंबर की भावनाओं का सम्मान करने के लिए आवश्यक है कि वह हिन्दुओं की संपत्ति का हरण करे, उनकी स्त्रियों का शील भंग करे, हरण करे और उन्हें अपने ढंग से जैसे चाहे प्रयोग करे, इसके अतिरिक्त हिन्दुओं को अपमानित कर त्रस्त करना भी इस पवित्र उद्देश्य की प्राप्ति के लिए सत्ता सियासत के लिए आवश्यक है। (जियाउद्दीन बर्नी-सहीफये नाते मोहम्मदी पृ. 390-91) इस एक कथन से ही वामपंथियों के इतिहासकारों के इस दावे की पोल खुल जाती है कि तुर्क शासक हिंदुस्तान में भाईचारे का संदेश लेकर आए थे।

आगे समिति कहती है कि "जब-जब हिन्द के सभी विभिन्न प्रदेश और कस्बे मुसलमानों से भर जाएँ तथा बहुत बड़ी सेना मुसलमानों की हो जाए, तब हमारा आदेश होगा कि हिन्दुओं का कत्ल कर दिया जाए और उन्हें इस्लाम स्वीकार करने पर विवश किया जाए।"

इस प्रकार के परामर्श के आधार पर मज़हब आगे रहकर सत्ता और सियासत का संचालन करता रहा और उसके नेतृत्व में सत्ता व सियासत के दमन चक्र का शिकार हिन्दू होता रहा।

दमन चक्र चलता रहा मज़हब हुआ बेशर्म।
हिन्दू का विनाश ही सियासत का हुआ कर्म।।

सल्तनत काल में एक से बढ़कर एक हिन्दू विरोधी शासक देश की सत्ता और सियासत के शीर्ष पर आकर बैठता रहा और अपने शासनकाल में हिन्दू नरसंहार के एक से बढ़कर एक उत्सव सजाता रहा। खिलजी वंश की बात यदि की जाए तो इस काल में भी बड़ी संख्या में हिन्दुओं का नरसंहार मज़हबी नेताओं और मज़हबी शासकों ने अपने सेनापतियों के माध्यम से निरन्तर जारी रखा। खिलजी शासनकाल में अलाउद्दीन खिलजी का साम्राज्य तुर्कों और मुगलों के सभी बादशाहों व सुल्तानों के साम्राज्यों से अधिक विस्तृत था, इसलिए यह भी स्वाभाविक है कि उसके शासनकाल में हिन्दुओं का और भी अधिक तेजी से व बड़े व्यापक स्तर पर सामूहिक नरसंहार हुआ।

अलाउद्दीन खिलजी के शासन-काल में अत्याचार

जलालुद्दीन, फिरोज़ शाह और अलाउद्दीन खिलजी के सेना प्रमुख जैसे उलुघ खान, नुसरत खान, खुसरो खान व मलिक काफूर के द्वारा ऐसे कई अभियान चलाए गए जिनमें हिन्दुओं को व्यापक नरसंहार के माध्यम से समाप्त किया गया या उन्हें अपमानित व तिरस्कृत करने के सत्ता व सियासत की ओर से कार्यक्रम आयोजित किए गए।

जब हम रानी पद्मिनी और अलाउद्दीन की इतिहास प्रसिद्ध घटना को पढ़ते हैं तो केवल एक रानी पद्मिनी और एक अलाउद्दीन खिलजी तक हमें सीमित नहीं रहना चाहिए, अपितु इस काल के विषय में यह समझ लेना चाहिए कि जिस समय का शासक ही इतना व्यभिचारी और चरित्र से पतित रहा हो उस समय के उसके सेनापति, सेनाधिकारी, शासन के अन्य पदों पर बैठे लोग व कर्मचारी कितने चरित्र भ्रष्ट और आचरण से गिरे हुए होंगे?

चरित्र भ्रष्ट और आचरण से पतित लोगों के व्यवहार और कार्य से हिन्दू लोग जब अपमानित होते होंगे तो वह निश्चय ही इनके विरुद्ध आक्रामक होकर अपने सम्मान की लड़ाई लड़ते थे। इस प्रकार के हिन्दू प्रतिरोध को मध्यकालीन इतिहास में हिन्दुओं का प्रतिरोध कहने का साहस कुछ इतिहासकारों ने किया है। हमारा मानना है कि जहाँ हिन्दू प्रतिरोध की ऐसी घटनाएँ होती थीं वहाँ उसके दमन के लिए मुस्लिम शासक भी किसी प्रकार की कमी नहीं छोड़ते थे। इस प्रकार के संघर्ष में कई बार ऐसा भी होता था कि जब हिन्दू प्रतिरोध गली-मोहल्ले तक में फैल जाता था। तब यह सांप्रदायिक दंगे का रूप ले लेता था। जिसे सरकारी संरक्षण के माध्यम से बहुत ही निर्दयता के साथ दबा दिया जाता था।

हमें यह समझ लेना चाहिए कि उस समय ऐसे अनेकों अलाउद्दीन खिलजी थे जो हिन्दू महिलाओं पर अत्याचार कर रहे थे और ऐसी अनेकों रानी पद्मिनियाँ थीं जो अपने सम्मान की रक्षा के लिए या तो तलवार हाथ में उठा चुकी थीं या जौहर रचा रही थीं। कुल मिलाकर उस समय बड़े स्तर पर हिन्दू नारियों की अस्मिता से खिलवाड़ किया गया और मज़हब के नाम पर उनकी आजादी छीनी गई।

हिन्दू मानस को उठाता विद्रोही

जब हम खिलजी के इतिहासकारों के माध्यम से ऐसा सुनते और पढ़ते हैं कि उस समय हिन्दुओं ने सल्तनत के कई हिस्सों जैसे पंजाब, गुजरात, मध्य प्रदेश, उत्तर प्रदेश में विद्रोह कर दिया तो उनके इस कथन का अभिप्राय यह होता है कि उस समय की सत्ता और सियासत की मज़हबी चालों और उनके विकृतस्वरूप के विरुद्ध हिन्दू जनमानस विद्रोहित

हो उठा था, क्योंकि भारत का यह प्राचीन संस्कार है कि सत्ता यदि जनविरोधी हो जाए तो लोगों को भी उसका विरोध करने का पूर्ण अधिकार होता है।

उस समय में लोकतन्त्र नहीं था, अपितु मज़हब का डकैत देश पर शासन कर रहा था। इसलिए उस मज़हबी डकैत के रूप में काम कर रही सत्ता और सियासत के विरुद्ध जब भारत के लोग अपनी लोकतांत्रिक माँगों को लेकर विद्रोह करके सामने आए तो उनके इस प्रकार के विद्रोह को सत्ता में बैठे डकैत लोगों ने बहुत ही निर्ममता के साथ कुचल दिया।

इस प्रकार के अत्याचारों में कई बार ऐसी घटनाएँ हुई जब 8 वर्ष से ऊपर के सभी बच्चों और बड़ों को सामूहिक नरसंहार का शिकार होना पड़ा। आज के कांग्रेसी और वामपंथी इतिहासकार इस प्रकार के निर्मम अत्याचारों को भी या तो इतिहास में स्थान नहीं देते और यदि देते हैं तो उन्हें बहुत अधिक सीमा तक कुछ इस प्रकार प्रस्तुत करते हैं कि जैसे वह उस समय के शासक वर्ग की ओर से साम्प्रदायिक विद्वेष भाव से प्रेरित होकर नहीं किए गए थे अपितु देश के हिन्दू समाज की ओर से तत्कालीन शासक वर्ग को जिस प्रकार परेशान किया जा रहा था उसके दृष्टिगत ऐसा किया जाना आवश्यक हो गया था।

इतिहास लेखकों इलियट एन्ड डाउसन के वर्णन से हमें पता चलता है कि अलाउद्दीन खिलजी के सेनापति नुसरत खान ने इस विद्रोह में भाग लेने वाले लोगों की स्त्रियों और बच्चों को कैद कर लिया था। इसके पश्चात् उसने इन महिलाओं को सार्वजनिक स्थानों पर उत्पीड़ित और अपमानित किया। बच्चों को उनकी माताओं के सामने ही काट दिया गया। पुरुषों के अपराध के बदले में उनकी पत्नियाँ और बच्चों को उठाकर ले जाने की अमानवीय प्रथा भी हमारे देश में यहीं से प्रारम्भ हुई।

हिन्दुओं के बारे में अलाउद्दीन को दी गई थी सलाह

इलियट एंड डाउसन की पुस्तक हिस्ट्री ऑफ इंडिया से (वेबैक मशीन., Vol. 3, Trubner & Co., London, pages 183-185) हमें पता चलता है कि धार्मिक हिंसा का ये प्रक्ररण न केवल सेना के द्वारा रचा गया, अपितु मुफ्ती, काज़ी और अन्य दरबारियों ने भी धार्मिक आधार पर इसे मान्यता दी। क़ाज़ी मुघीसुद्दीन बयाना ने अलाउद्दीन को सलाह दी कि "हिन्दुओं को कुचल कर अपने अधीन रखना धर्मसंगत है, क्योंकि वो पैगंबर (मोहम्मद) के सबसे बड़े दुश्मन रहे हैं और पैगंबर के आदेशानुसार हमें उन्हें मारना, लूटना और कैद करना चाहिये। या वो इस्लाम को स्वीकार करें या मार दिये जायें, गुलाम बना दिये जाये और उनकी संपत्ति को नष्ट कर दिया जाये।"

पैगंबर का हुक्म है करो काफिर का नाश।
गाजी पद को पाओगे पूरण होगी आश।।

जब अपनी मज़हबी किताब के आधार पर इस्लामिक सुल्तान या शासक वर्ग के लोग इस प्रकार के आदेश हिन्दुओं के विरुद्ध दिया करते थे तो पूरी प्रशासनिक व्यवस्था या शासन तंत्र उनके इस प्रकार के आदेश का कभी विरोध नहीं कर पाता था, क्योंकि उस समय का पूरा तन्त्र ही साम्प्रदायिक आधार पर कार्य करने का अभ्यस्त हो चुका था।

मलिक काफूर खिलजी के शासन काल में एक बहुत ही शक्तिशाली अधिकारी था और वह मूल रूप में हिन्दू था। उसे बलात् धर्मांतरित किया गया था। उसी के नेतृत्व में खिलजी की सेना ने दक्षिण भारत में प्रथम अभियान 1309 ई0 में और दूसरा 1311 ई0 में सम्पन्न किया। यद्यपि वह हिन्दू के प्रति बहुत अधिक उदार था, इसके उपरान्त भी अपने आका के निर्देशों का पालन करना उसके लिए बहुत आवश्यक था। यही कारण था कि उसने अपनी उदारता को एक ओर रखकर अपने बादशाह अलाउद्दीन खिलजी के आदेशों का पालन करते हुए अपने इन दोनों सैन्य अभियानों के दौरान दक्षिण भारत में अनेकों हिन्दुओं का वध किया। उनके धर्म स्थलों का विनाश किया।

इतिहासकारों का मानना है कि हैलेबिडु मन्दिर के अलावा कई मन्दिरों को नष्ट कर दिया गया। वहाँ से लूटा गया खज़ाना इतना अधिक था कि उसको लाने के लिये 1000 ऊँट लगाये गये, इस लूट में प्रसिद्ध कोहिनूर हीरा भी था जो कि वहाँ के भद्रकाली मन्दिर की देवी की आँखों में जड़ा था।

अकूत सम्पदा लूटकर वे ले गए अपने देश।
कोहिनूर गया हाथ से कुछ कर न पाया देश।।

साम्प्रदायिकता का ऐसा नंगा नाच किया गया कि देखते ही देखते हजारों हिन्दुओं को अपने प्राण गंवाने पड़ गए। आज के वामपंथी और कांग्रेसी इतिहासकार भारत में साम्प्रदायिकता की खोज करते समय इसे आजादी से पहले के 10-20 वर्षों में खोजने का अतार्किक प्रयास करते दिखाई पड़ते हैं। जबकि सच यह है कि जिस दिन इस्लाम का भारत से परिचय हुआ उसी दिन से साम्प्रदायिक दंगों या साम्प्रदायिक आधार पर नरसंहार करने की परम्परा का आरम्भ भारत में हो गया था। इस प्रकार भारत में दंगों का उतना ही पुराना इतिहास है जितना पुराना इस्लाम के आगमन का इतिहास है। इतिहास के किसी भी गंभीर

और जिज्ञासु विद्यार्थी को भारत में सांप्रदायिकता की खोज करते समय हमारे इसी तथ्य के आधार पर अपना अनुसन्धान या शोध करना चाहिए।

तुगलक काल में हिन्दुओं पर दमन चक्र

खिलजी वंश के पश्चात् स्थापित हुए तुगलक वंश के शासन काल में भी हिन्दुओं के प्रति इस्लामिक साम्प्रदायिकता का दमन चक्र यथावत जारी रहा।

नरसिम्हाचार्य के अनुसार उलूघ खान ने दक्षिण भारत पर हमला करके श्रीरंगपट्टनम में 12000 निहत्थे साधुओं को मार दिया था और मन्दिर को ध्वस्त कर दिया। वैष्णव दार्शनिक श्री वेदान्त देशिक ने लाशों के बीच छुप कर अपने-आपको श्री सुदर्शन सूरी कृत ग्रंथ व उनके 2 पुत्रों को बचाया।

वास्तव में साधुओं पर किया गया यह अत्याचार भारतवर्ष के इतिहास की बहुत ही निन्दनीय घटना है, क्योंकि निहत्थे लोगों को मारना भारत में बौरता का नहीं अपितु कायरता का कृत्य माना जाता है। यदि भारत की वीर परम्परा की इस पर परिभाषा के अनुसार इस्लामिक आक्रमणकारियों के अत्याचारों को देखा जाए तो पता चलता है कि उन्होंने कभी भी वीरता का परिचय नहीं दिया। इसके विपरीत क्रूरता और कायरता का परिचय देते हुए निहत्थे और निरपराध लोगों को मारकर वीरता की छाती चौड़ी की गई। इसे भारतीय इतिहास परम्परा में नितांत निन्दनीय माना गया है, परन्तु इन लोगों को ऐसा करके गाजी का पद मिलने का लालच उनकी पुस्तक देती है, बस उसी लालच के वशीभूत होकर ऐसे जघन्य अपराध मुस्लिम आक्रमणकारियों या शासकों के द्वारा हिन्दुओं पर किए गए।

फिरोज शाह तुगलक के समय में लिखे गये

'तारीख-ए-फिरोजशाही' में इस बात के स्पष्ट प्रमाण मिलते हैं कि उसके शासनकाल में हिन्दुओं को सुनियोजित ढंग से उत्पीड़ित किया गया। उस समय शासक वर्ग का यह फैशन सा हो गया था कि जो कोई व्यक्ति सत्ता और पद के मद में चूर होकर हिन्दुओं का जितना अधिक दमन, दलन, शोषण और उत्पीड़न करेगा वह उतना ही अधिक वीर और साहसी माना जाएगा। इसी झूठी वीरता के प्रदर्शन को करते हुए अनेकों मुस्लिम शासक और उनके सेनापति हिन्दुओं का बलात् धर्मांतरण करते थे, बलात् गुलाम बनाते थे और उनके धर्म स्थलों को भी नष्ट कर अपनी छाती चौड़ी करते थे।

हिन्दू को चाहे काट दो चाहे लूटो उसका माल।
दीनी खिदमत के लिए झपट पड़ो बन काल।।

फिरोज़ शाह की मृत्यु हुई तो वह भी हिन्दुओं के लिए एक कहर बनकर बरस पड़ी। इस अवसर पर मुस्लिम अधिकारियों की ओर से आदेश दिया गया कि जितने भी हिन्दू गुलाम हैं, उन सबको मारकर उनकी लाशों का ढेर बना दिया जाए और यही हुआ भी। ऐसा करने के पीछे का उद्देश्य संभवतः यही था कि यदि यह गुलाम बादशाह के साथ ही मार दिए जाएँगे तो जन्नत में बादशाह को ऊँचा स्थान प्राप्त होगा, क्योंकि वह इनकी रूहों को ले जाकर खुदा को भेंट करेगा।

फिरोजशाह के द्वारा हिन्दू ब्राह्मण भी उत्पीड़ित किए गए थे।यह वही लोग थे जिन्होंने इस्लाम को स्वीकार करने से इंकार कर दिया था। बस, फिर क्या था? -इस्लाम की क्रूरता ने उस समय ऐसा दृश्य उपस्थित कर दिया जिसे देख कर कठोर से कठोर हृदयी व्यक्ति भी द्रवित हो उठता। इस घटना का उल्लेख तारीख-ए-फिरोज शाही में करते हुए लिखा गया है कि -

"एक फरमान के तहत एक ब्राह्मण को सुलतान के समक्ष पेश किया गया। उसको सच्चे धर्म (इस्लाम) के बारे में बताया गया, लेकिन उसने उसे स्वीकार नहीं किया। उस काफ़िर के हाथ-पैर बाँध कर लकड़ियों के ढेर पर फेंक दिया गया और दोनों ओर से आग लगा दी गयी। आग पहले उसके पैरों पर पहुँची जिससे वो चीखा। जल्द ही आग उसके चारों ओर फैल गयी।"

(तारीख-ए-फिरोज शाही)

तुगलकी शासन में हिन्दुओं के प्रति कैसी-कैसी कठोरताओं का प्रावधान किया गया था इस पर यदि विचार किया जाए तो ऐतिहासिक ग्रन्थों (इलियट एण्ड डाउसन व मुंशीराम मनोहरलाल) से हमें पता चलता है कि उस समय हिन्दुओं से जबरन जजिया कर वसूल किया जाता था, काफिर के रूप में ही उन्हें पंजीकृत किया जाता था और उनकी निरन्तर निगरानी की जाती थी।

उस समय भी था इस्लामिक आतंकवाद

उस समय हिन्दुओं की निगरानी करने का एक कारण यह भी था कि हिन्दू विदेशी मुस्लिम सत्ता को हृदय से कभी स्वीकार नहीं कर रहे थे। इसलिए मुस्लिम अत्याचारों के विरुद्ध वह बार-बार विद्रोही अर्थात् अपनी स्वाधीनता के लिए आतुर हो उठते थे।

जो हिन्दू मूर्तिस्थापन या मन्दिर निर्माण करते थे या फिर सार्वजनिक रूप से अपने धर्म का अनुसरण कुण्ड के आसपास करते थे, उनको कैद करके महल में मार दिया जाता था। इस प्रकार के विवरणों से स्पष्ट होता है कि उस समय हिन्दुओं को पूर्णतया आतंकित जीवन

जीना पड़ रहा था अर्थात् इस्लामिक आतंकवाद उस समय भी उनके लिए अत्यधिक कष्टदायक परिस्थितियाँ निर्मित कर रहा था।

हर ओर दहशत व्याप्त थी प्रेम का नहीं नाम।
था हिन्दू का जीना कठिन, हुआ दुष्ट निजाम।।

इसी प्रकार की घटनाओं के उदाहरणों पर विचार करते हुए फिरोज शाह तुगलक ने अपनी आत्मकथा में लिखा है कि-

"कुछ हिन्दुओं ने गाँव कोहाना में एक मूर्तिस्थल स्थापित करके वहाँ मूर्तिपूजा आदि करनी शुरू कर दी। इन लोगों को पकड़ कर मेरे सामने पेश किया गया। मैंने इसे सार्वजनिक तौर पर विकृत प्रथा करार देते हुए उन लोगों को महल के दरवाजे के बाहर मार दिये जाने का निर्देश दिया। इसके अलावा उन सभी गैर-इस्लामिक पुस्तकों, मूर्तियों और पूजासामग्री को जला देने का हुक्म दिया। बचे हुए लोगों को दण्डं और धमकी के द्वारा काबू कर लिया, ताकि सब को ये पता चल जाये कि, एक मुसलमान राज्य में ऐसी गैर-इस्लामिक प्रथा? वर्जित हैं।"

(फिरोज शाह तुगलक, फुतुहात-ए-फिरोज़ शाही)

भारत में मूर्ति पूजा के विरोध में कई महापुरुषों ने समय-समय पर आन्दोलन आरम्भ किए हैं। जिनमें महर्षि दयानन्द का नाम विशेष रूप से उल्लेखनीय है। मूर्ति पूजा का विरोध करते हुए भारतवर्ष के किसी भी महापुरुष ने किसी मूर्तिपूजक का विनाश करने का कोई फतवा या आदेश जारी नहीं किया। इसके विपरीत लोगों ने शास्त्रार्थ कर करके मूर्तिपूजक लोगों की भ्रांतियों का समाधान करने का मार्ग अपनाया है। यदि मूर्ति पूजा में कोई दोष था तो इस्लाम के ये आक्रमणकारी या शासक वर्ग के लोग उस पर हिन्दुओं के धर्माचार्यों से शास्त्रार्थ कर सकते थे और समाज सुधारक के रूप में अपने आपको प्रस्तुत कर हिन्दू जनमानस का हृदय जीत सकते थे। उन्होंने ऐसा न करके तलवार से हिन्दुओं का सिर कलम करना उचित माना। इसका कारण केवल एक ही था कि उनकी पुस्तक उन्हें ऐसा करने की आज्ञा देती थी और जो लोग ऐसा करते हुए स्वर्ग सिधारेंगे उन्हें शहीद का दर्जा देकर जन्नत में भेजने का प्रबन्ध भी उनकी पुस्तक उनके लिए करती है।

इस प्रकार के आश्वासन भी लोगों को उग्रवादी और साम्प्रदायिक बनाते हैं। यदि ऐसी व्यवस्थाओं को इस्लाम के मज़हब या मज़हबी दर्शन से बाहर कर दिया जाए तो निश्चय ही इस्लाम शान्ति का धर्म बन सकता है। ❐

अध्याय-6

तैमूरलंग का आतंकी अभियान

इस्लाम के नाम पर विजय अभियानों का आयोजन करने वाले प्रत्येक आक्रमणकारी ने मज़हबी जुनून और उग्रवाद का परचम लहराकर सारे संसार को आतंकित करने का कार्य किया। इस दृष्टिकोण से यदि देखा जाए तो इस्लामिक आतंकवाद कल परसों की बात नहीं है, यह इस्लाम के जन्म के साथ ही पैदा हुआ है। यह अलग बात है कि देश, काल व परिस्थिति के अनुसार भूमण्डल पर इसका विस्तार कम या अधिक क्षेत्र में रहा। इस्लाम के नाम पर जिन आक्रमणकारियों ने अपने विजय अभियान चलाए उन्हीं इस्लामिक आक्रमणकारियों में से एक नाम तैमूर लंग का भी है। तैमूरलंग के अपने इतिहासकारों का कहना है कि लगभग 70 वर्ष के जीवन में इस्लामिक आतंकवाद और साम्प्रदायिक सोच से प्रेरित होकर 35 विजय अभियान भारत के विरुद्ध चलाये थे। भारत में उसने हरिद्वार से लेकर पश्चिम में कैरो तक के प्रदेश में भारी विनाश किया था।

तैमूर को 'गाजी' बनना था

गाजी बनाना प्रत्येक मुस्लिम के लिए बड़े गौरव की बात होती है। गाजी बनने का अर्थ है-काफिरों का कत्ल करना।

इतिहासकारों की यह मान्यता है कि तैमूर लंग ने भारत के विरुद्ध इतने व्यापक स्तर पर विनाश मचाने का संकल्प केवल 'गाजी' बनने के लालच में लिया था। तैमूर ने स्वयं कहा था- "काफिरों (हिन्दुओं) के विरुद्ध एक अभियान चलाकर 'गाजी' बनने की इच्छा मेरे मन में पैदा हुई, क्योंकि मैंने सुना है कि काफिरों की हत्या करने वाला 'गाजी' होता है। मैं अपने दिमाग में यह तय नहीं कर पा रहा था कि चीन के काफिरों के विरुद्ध पहले जाऊँ या हिन्दुस्तान के। इस बारे में मैंने कुरान से हुकुम लिया। मैंने जो पद निकाला वह यों है-हे पैगंबर! काफिरों, नास्तिकों से लड़ाई छेड़ दो, और उनसे बड़ी कठोरता से पेश आओ।"

उपरोक्त उद्धरण हमने 'इलियट एण्ड डाउसन' के ग्रंथ से लिया है। इसी ग्रंथ के पृष्ठ

397 पर लिखा है-कि तैमूर ने भारत पर आक्रमण करने से पूर्व अपने लोगों को सम्बोधित करते हुए कहा था-

"हिन्दुस्तान पर हम लोग उस देश के लोगों को मुसलमान बनाकर काफिरपन की गंदगी से उस देश की जमीन को पाक और साफ कर सकें और उन लोगों के मन्दिरों तथा मूर्तियों को नष्ट कर हम लोग गाजी और मुजाहिद कहला सकें।"

मज़हब की यह गंदगी करती सोच खराब।
मानव को दानव करे, ऐसी बुरी शराब।।

तैमूर के लिए इस्लाम की व्यवस्था के अनुरूप इससे उत्तम कोई आदर्श या जीवनोद्देश्य नहीं हो सकता था कि वह भारत से 'काफिरपन' (हिन्दुत्व) को समाप्त करने के लिए आये और उसके विनाश के लिए अपनी सारी शक्ति का पूर्ण मनोयोग से उपयोग करे। वास्तव में वामपंथियों ने जिस प्रकार मज़हब को एक 'अफीम' कहा है, उनका यह कथन इस्लाम के आक्रमणकारियों पर पूर्णतया सटीक बैठता है, जो मज़हब की शराब पी-पीकर भारत की ओर या विश्व के अन्य देशों की ओर अपने दुष्ट दानव दल को लेकर चले और लूटपाट, डकैती, हत्या, बलात्कार और नरसंहार के कीर्तिमान स्थापित करने को ही उन्होंने उस समय का सबसे बड़ा पुण्य कार्य मान लिया था। भारत की ज्ञान परम्परा में जब व्यक्ति पाप को पुण्य मानने लगता है तो उसे मानव का अज्ञान कहते हैं। यह अज्ञानता मानवता का बहुत भारी अनर्थ करती है। इससे भी बड़ा अनर्थ तब होता है जब व्यक्ति अज्ञान को भी ज्ञान मान लेता है और अपने उस तथाकथित ज्ञान से पगलाकर संसार को भारी कष्ट में डाल देता है। बस, मुस्लिम लोग यही कर रहे थे। इनका ज्ञान पगला चुका था और वह यह नहीं देख रहा था कि उसके सामने जिनके धड़ कट कटकर धरती पर गिर रहे हैं वह भी तो मानव ही हैं। इसकी दृष्टि में वे मानव नहीं थे अपितु 'काफिर' थे और काफिरों के खून में स्नान करना इसके लिए सबसे बड़ा सबाब बन चुका था।

सबकी अपनी चाहना, अपने -अपने चाव।
हिंद रंगे इस्लाम में, -एक सभी की चाह।।

इतिहास के इस सच को जिन लोगों ने तुष्टीकरण की नीति अपनाते हुए दबाने का काम किया है, उन्होंने भी मानवता का अहित किया है। थोड़ी देर के लिए हम यह मान लेते हैं कि उन्होंने यह कार्य इसलिए किया हो कि पिछली कड़वाहट को भूलो और आगे बढ़ो। लेकिन जिनके लिए यह किया गया था उन्होंने न तो कड़वाहट को भुलाया और ना ही वे आगे बढ़े।

वे क्रूर सांप्रदायिकता के खूंटे से बंधे रहे। चौदह सौ वर्ष पहले के बहशीपन के कार्यों में वे आज भी लगे हुए हैं। उन्होंने न तो अपने इतिहास को भुलाया और न ही अपने इतिहास पुरुषों को भुलाया। वे अपने इतिहास और इतिहास पुरुषों से शिक्षा लेकर उनके कार्यों को आगे बढ़ा रहे हैं और सारे संसार को 'दारुल इस्लाम' के झंडे तले ले आने के अपने कार्य में लगे हुए हैं।

जब तैमूर चला आतंक का पर्याय बनकर

संसार के लिए आतंक और विनाश का पर्याय बनकर मार्च 1398 ई. में तैमूर ने कटक के पास से सिंधु नदी को पार किया और तुलुम्ब नामक कस्बे के सारे हिन्दुओं को अपनी मज़हब की पाशविकता की प्यासी तलवार का शिकार बना दिया और उनका सारा धनादि उनसे छीन लिया। इस प्रकार पहले झटके में ही हजारों हिन्दू तैमूर की तलवार से बलि का बकरा बन गये। इसके बाद तैमूर जब भारत के शीश कश्मीर में प्रविष्ट हुआ तो उसने वहाँ पर भी ऐसा ही तांडव मचाया। हिन्दुओं पर अनगिनत निर्ममतापूर्ण अत्याचार किए। इस प्रकार वह आतंक का पर्याय बन कर भारत आया था।

-अपने मज़हबी उन्माद में पगलाए इस विदेशी क्रूर आक्रमणकारी ने भारतवर्ष के हिन्दू किसानों से उनका अन्न तक छीन लिया था। इसके पीछे उसका उद्देश्य यह था कि हिन्दुस्तानी लोग भूख से मरने लगें। इतने पर भी जब उसे संतोष न हुआ तो उसने लूटे गये क्षेत्रों में आग लगा दी। उसके ऐसे अत्याचारों को देखकर मानवता कराह उठी थी। चारों ओर चीख-पुकार और दुःखी लोगों की आवाजें सुनाई देती थीं। परंतु इस बहरे -गूंगे तैमूर के लिए ये सारी चीख पुकारें दुःख का कारण न होकर आनन्द का विषय बन गई थीं। उसके इस प्रकार के आनन्द का कारण यही था कि वह अपने मन से ऐसे ही 'मनमोहक' दृश्यों की कल्पना करके अपने घर से चला था।

-कश्मीर में अपने आतंक का साम्राज्य स्थापित कर तैमूर फतहबाद, राजपुर और पानीपत में अपने मज्जहबी आतंक से काफिरों को आतंकित करता हुआ अन्त में दिल्ली आ धमका। दिल्ली के बहुत से हिन्दुओं को तैमूर के अत्याचारों की सूचना पहले ही मिल चुकी थी कि तैमूर अब से पूर्व मुलतान, दीपालपुर, सरसुती, कैथल आदि में कितने ही अत्याचार कर चुका है। हृदय को झकझोर देने वाले तैमूरी अत्याचारों की कहानी से बहुत से हिन्दू राजधानी दिल्ली से इधर-उधर भाग गये या जिन्हें अवसर मिला उन्होंने आक्रांता के क्रूर अत्याचारों से बचने के लिए आत्महत्या कर ली, अथवा अपने बच्चों व पत्नी को जीवित ही जला दिया। जो हिन्दू बचे उनके साथ क्रूरता की सीमाएँ लाँघकर अत्याचार

किये गये। आत्मरक्षा में हिन्दुओं के द्वारा अपने ही बच्चों व परिजनों को जला देने की ऐसी हृदयविदारक घटनाओं को इतिहासकार या कोई लेखक दो चार पंक्तियों में लिखकर आगे बढ़ जाता है, परन्तु जब इन भयावह दृश्यों की कल्पना की जाती है या यह अनुभव किया जाता है कि यदि यह अत्याचार मेरे साथ हो रहे होते तो कैसा लगता? तब पता चलता है कि हमारे पूर्वजों ने कितने अमानवीय और पाशविक अत्याचारों को सहन कर अपना धर्म और संस्कृति बचाने का व्रत निभाया।

तैमूर का उद्देश्य भी हिन्दुत्व का विनाश ही था

तैमूर का जीवनीकार 'मुलफुजात-ए-तैमूर' में तैमूर को उद्धृत करते हुए हमें बताता है कि उसने दिल्ली के लिए प्रस्थान करने से पूर्व कह दिया था- "मैंने तेहाना से अपना माल असबाब भेज दिया था। मैंने जंगलों और पहाड़ों के रास्ते सफर किया। मैंने 2000 शैतान जैसे लोगों की हत्या की, उनकी पत्नियों और बच्चों को बंदी बनाया, और उनके सारे धन तथा गायों को लूट लिया। समाना, कैथल और असपंदी के सारे लोग धर्मविरोधी बुतपरस्त, काफिर और नास्तिक हैं जो अपने-अपने घरों में आग लगाकर अपने बच्चों सहित दिल्ली भाग गये, और सारा देश सूना कर गये।"

एक क्रूर दरिंदा भारत की छाती पर था आ बैठा।
हिन्द की अजमत को जिसने बेशर्मी से था लूटा।।

साथ ही यह भी समझने योग्य हैं:-

उसके निन्दित कर्मों से इतिहास छुपाता है चेहरा।
जिसने मानवता के ऊपर बिठा दिया था पहरा।।

तैमूर लंग के आक्रमण का मूलोद्देश्य हिन्दुत्व का विनाश करना था। 'गाजी' बनने का चाव था और 'दीनी-खिदमत' में उसकी अगाध निष्ठा थी। उसे उलेमा और सूफियों ने परामर्श दिया- "इस्लाम को मानने वाले सुल्तान का और उन सभी लोगों का, जो मानते हैं कि अल्लाह के अतिरिक्त अन्य कोई ईश्वर नहीं है और मुहम्मद अल्लाह का पैगंबर है, यह परम कर्तव्य है कि वे इस उद्देश्य की पूर्ति के लिए युद्ध करेंगे, उनका पंथ सुरक्षित रह सके, और उनकी विधि व्यवस्था सशक्त रही आवे, वह अधिकाधिक परिश्रम कर अपने पंथ के शत्रुओं का दमन कर सकें। विद्वान् लोगों के ये आनंददायक शब्द जैसे ही सरदारों के कानों में पहुँचे, उनके हृदय हिन्दुस्तान में धर्म युद्ध करने के लिए, स्थिर हो गये और अपने घुटनों

पर झुक कर, उन्होंने इस विजय वाले अध्याय को दोहराया।" (संदर्भ: तैमूर की जीवनी 'मुलफुजात-ए-तैमूर' एलियट एण्ड डाउसन खण्ड तृतीय पृष्ठ 397)।

इस्लामिक आक्रमणकारियों के बारे में दिए गए ऐसे उदाहरणों से पता चलता है कि उस समय इस्लामिक आक्रमणकारी और उनकी सेना हिन्दुस्तान की ओर वैसे ही भागती या लपकती थी जैसे कोई किसान अपनी लहलहाती फसल को चाव से काटने के लिए खेत की ओर जा रहा हो। वास्तव में उस समय हिन्दू इन मुस्लिम आक्रमणकारियों के लिए एक फसल जैसे ही हो गए थे।

काट दिए गए दस हजार हिन्दू

-भटनेर में हिन्दुओं ने तैमूर की सेना का सामना किया। धर्म और स्वतन्त्रता की रक्षार्थ हिन्दुओं ने जमकर संघर्ष किया, परन्तु विजयश्री नहीं मिली, तो -उन लोगों ने स्वतन्त्रता की बलिवेदी पर अपना सिर मौन रहकर चढ़ा दिया। तैमूर की उक्त जीवनी के पृष्ठ 421-422 पर लिखा है- "इस्लाम के योद्धाओं ने हिन्दुओं पर चारों ओर से आक्रमण कर दिया और तब तक युद्ध करते रहे, जब तक अल्लाह की कृपा से मेरे सैनिकों के प्रयासों को विजय की किरण नहीं दीख गयी। बहुत थोड़े समय में ही किले के सभी व्यक्ति तलवार के घाट उतार दिये गये और समय की बहुत छोटी अवधि में ही दस हजार हिन्दू लोगों के सिर काट दिये गये। अविश्वासियों के रक्त से इस्लाम की तलवार अच्छी तरह धुल गयी और सारा खजाना सैनिकों की लूट का माल बन गया।"

काटे हजारों हिन्दू थे जी भरके की थी लूटपाट।
ढेर लगा दिए शीशों के जमकर की थी मारकाट।।

ज़हाँ मुसलमानों के नायक या आदर्श व्यक्तित्व की सोच ऐसी हो कि हिन्दुओं के रक्त से धरती धुल गई और हिन्दुओं के खजाने को सैनिकों ने लूट का माल बना दिया-वहाँ पर यह कैसे माना जा सकता है कि वे लोग हिन्दू समाज के साथ समन्वय बनाकर रहने की भावना में विश्वास करते हैं? जिनके आदर्श नायकों की सोच घृणित हो, उनके अनुयायियों की सोच का घृणित होना भी अनिवार्य है। आज जिन लोगों को हम हिन्दुओं के धनमाल को लूटते हुए या उनकी बहन-बेटियों के साथ अत्याचार करते हुए या हिन्दुस्तान का इस्लामीकरण होने पर हिन्दुओं के घर व जमीन -जायदाद उनके हो जाने के सपने लेते देखते हैं या ऐसे ही नारे लगाते या भाषण देते हुए देखते हैं, उनके बारे में हमें ये समझ लेना चाहिए कि ये सारे के सारे लोग तैमूर लंग के ही मानस पुत्र हैं। इसलिए यह नहीं मानना

चाहिए कि जो लोग तैमूर को अपना आदर्श मानते हैं, उनकी सोच तैमूर से कहीं अलग होगी।

लूट ली गई हजारों हिन्दू महिलाएँ

उसी पुस्तक में आगे उल्लेख है कि "जब मैंने सरस्वती नदी के विषय में पूछा, तो मुझे बताया गया कि उस स्थान के लोग इस्लाम के पंथ से अनभिज्ञ थे। मैंने अपनी सैनिक टुकड़ी उनका पीछा करने भेजी और एक महान (भयंकर) युद्ध हुआ। सभी हिन्दुओं का वध कर दिया गया, उनकी महिलाओं तथा बच्चों को बंदी बना लिया गया और उनकी संपत्तियाँ और वस्तुएँ मुसलमानों के लिए लूट का माल हो गयीं। सैनिक अपने साथ कई हजार हिन्दू महिलाओं और बच्चों को साथ ले लौट आये। हिन्दू महिलाओं और बच्चों को मुसलमान बना लिया गया।"

-जाट भारतवर्ष की एक क्षत्रिय जाति है। इसका एक गौरवपूर्ण इतिहास है। कितने ही स्थलों पर जाट रणबांकुरों ने अपनी वीरता का प्रदर्शन कर देश -धर्म की रक्षा की है। भारत की क्षत्रिय जातियों में जाटों का महत्वपूर्ण स्थान है। इन्होंने तैमूर के काल में भी अपना शौर्य प्रदर्शन किया और शत्रु के जमकर दाँत खट्टे किये। तैमूर ने अपनी जीवनी में लिखा है- "मेरे ध्यान में लाया गया था कि ये उत्पाती जाट चींटी की भाँति असंख्य हैं। हिन्दुस्तान पर आक्रमण करने का मेरा महान उद्देश्य अविश्वासी हैं। हिन्दुओं के विरुद्ध धर्मयुद्ध करना था। मुझे लगने लगा कि इन जाटों का पराभव (पूर्णतः विनाश) कर देना मेरे लिए आवश्यक है। मैं जंगलों में और बीहड़ों में घुस गया, और दैत्याकार दो हजार जाटों का मैंने वध कर दिया। उसी दिन सैयदों, विश्वासियों का एक दल जो वहीं निकट ही रहता था, बड़ी विनम्रता और शालीनता से मुझसे भेंट करने आया और उनका बड़ी शान से स्वागत किया गया। मैंने उनके सरदार का बड़े सम्मान से स्वागत किया।" (वही पुस्तक, पृष्ठ -429)

एक लाख हिन्दुओं की करायी थी हत्या

तैमूर की उक्त जीवनी में उल्लेख है- "उन्तीस तारीख को मैं पुनः अग्रसर हुआ और जमुना नदी पर पहुँच गया। नदी के दूसरे किनारे पर लोनी का दुर्ग था। लोनी दुर्ग को तुरन्त विजय कर लेने का मैंने निर्णय किया। अनेक राजपूतों ने अपनी पत्नियों तथा बच्चों को घरों में बन्द कर आग लगा दी, और तब वे युद्ध क्षेत्र में आ गये। शैतान की भाँति (अर्थात् एक वीर योद्धा की भाँति) लड़े और अन्त में मार दिये गये। दुर्ग रक्षक दल के अन्य लोग भी लड़े और कत्ल कर दिये गये, जबकि बहुत से लोग बंदी बना लिये गये। दूसरे दिन मैंने आदेश दिया कि मुसलमान बंदियों को पृथक् कर दिया जाए, और उन्हें बचा लिया जाए, किन्तु

गैर मुसलमानों को धर्मांतरणकारी तलवार द्वारा कत्ल कर दिया जाए। मैंने यह आदेश भी दिया कि मुसलमानों के घरों को सुरक्षित रखा जाए, किन्तु अन्य सभी घरों को लूट लिया जाए और विनष्ट कर दिया जाए।" ('एलियट और डाउसन' खण्ड तृतीय पृष्ठ 432-33)

यहाँ तैमूर ने एक लाख हिन्दुओं का एक दिन में ही वध करा दिया था। वध के उपरान्त भी उन सबके कटे हुए सिरों को एक साथ एक स्थान पर एकत्र कराके उनका टीला बनवा दिया था। यह कार्य तैमूर ने लोनी के ग्रामीण क्षेत्र के लोगों की हत्या करके पूर्ण किया था। जिसके परिणामस्वरूप दूर-दूर तक लोगों में आतंक और भय व्याप्त हो गया था। चारों ओर दुर्गंध फैल गयी थी और उस दुर्गंध ने महामारी का रूप ले लिया था। इसलिए बहुत से लोगों ने अपने घर बार छोड़ दूर चले जाने का निर्णय ले लिया था। आप तनिक कल्पना करें कि जो हिन्दू लोग अपने मुर्दों को भी यह सोचकर तुरन्त चिता की भेंट चढ़ा देते हैं कि इनके रहने से दुर्गंध फैलेगी और पर्यावरण प्रदूषित होगा, वायु विषैली बनेगी और उसका जीवन व स्वास्थ्य पर घातक प्रभाव पड़ेगा, वे लोग एक लाख लाशों से निकलती हुई दुर्गंध को कैसे सहन कर पाए होंगे? और एक लाख लाशों की दुर्गंध कितनी दूर-दूर तक फैल गई होगी? सचमुच वह कितना आतंकपूर्ण दृश्य रहा होगा?

पाशविकता की भेंट चढ़े लाख-लाख थे लोग यहाँ।
दानवता सिर चढ़ बोल रही हुआ धर्म का ढोंग यहाँ।।

अपनी जीवनी 'तुजुके तैमूरी' को तैमूरलंग कुरान की इस आयत से ही प्रारम्भ करता है 'ऐ पैगम्बर काफिरों और विश्वास न लाने वालों से युद्ध करो और उन पर सख़्ती बर्तो।' वह आगे भारत पर अपने आक्रमण का कारण बताते हुए लिखता है-

"हिन्दुस्तान पर आक्रमण करने का मेरा ध्येय काफिर हिन्दुओं के विरुद्ध धार्मिक युद्ध करना है। (आगे वर्णित है) (जिससे) इस्लाम की सेना को भी हिन्दुओं की दौलत और मूल्यवान वस्तुएँ मिल जायें।"

सिकन्दर बुतशिकन

कश्मीर वैसे तो हमारी भारतीय सांस्कृतिक विरासत का बेजोड़ उदाहरण है, पर पिछले कुछ समय से 'कश्मीरियत' का अभिप्राय कश्मीर की उस कथित 'गंगा-जमुनी तहजीब' से लगाया जा रहा है, जिसमें वहाँ के हिन्दुओं को कश्मीर छोड़ने के लिए बाध्य किया गया है। जब से कश्मीर में इस्लाम का प्रवेश हुआ तभी से वहाँ पर मानो पानी में आग लग गई। शान्त वादी में अशान्ति के स्वर सुनाई देने लगे और जो कश्मीर वास्तव में सफेद चादर से ढका रहता था उसकी सफेद चादर पर खून के दाग दिखाई देने लगे।

शान्ति, त्याग, तपस्या और साधना की प्रतीक कश्मीर की घाटी में सिकन्दर शाह मीरी ने इस्लामिक कट्टरता की कई रक्त से भरी कहानियाँ लिखीं।

हिन्दुओं के प्रति निर्ममता और निर्दयता ली हुई इन कहानियों को पढ़कर रोंगटे खड़े हो जाते हैं। कश्मीर में हिन्दुओं पर अत्याचार करने वाले इस सिकंदर शाहमीरी को बुतशिकन इसीलिए कहा गया कि उसने साम्प्रदायिक उन्माद में पगलाकर हिन्दुओं पर अप्रत्याशित अत्याचार किए। उनके धर्म स्थलों का विनाश किया और मूर्तियाँ जहाँ भी दिखाई दीं वहीं तोड़ डालीं।

ऐसा नहीं था कि उसने केवल हिन्दुओं के साथ ही अत्याचार किए, उनके अतिरिक्त उसने बौद्ध धर्म के धार्मिक स्थलों को भी तोड़ा और उनको इस्लाम स्वीकारने या कश्मीर छोड़ने पर बाध्य किया। इस प्रकार कश्मीर से हिन्दुओं का पलायन करवाना कल परसों की बात नहीं है, अपितु मुसलमानों का यह बहुत पुराना पेशा है। जब-जब यहाँ पर इस्लामिक अत्याचार बढ़े हैं तब-तब यहाँ के हिन्दुओं को कश्मीर छोड़ने के लिए बाध्य किया गया है।

सामाजिक पर्वों पर भी लगा दिया प्रतिबन्ध

सिकंदरशाह ने अपनी साम्प्रदायिक सोच और नीतियों का परिचय देते हुए गैर-इस्लामिक लोगों की धार्मिक सामाजिक परम्पराओं पर भी प्रतिबन्ध लगाने का काम किया। उसने गैर मुस्लिमों के पूजा-अर्चना, नृत्य, गायन, संगीत, शराब पीने और धार्मिक उत्सवों पर पूर्णतया प्रतिबन्ध लगा दिया। ऐसी स्थिति में हिन्दुओं के लिए कश्मीर में रहना बड़ा कठिन हो गया। उनके सामने जीवन -मरण का प्रश्न खड़ा हो गया। लाखों-करोड़ों वर्ष से जो परिवार कश्मीर को अपना घर मानकर रहते चले आ रहे थे, उनके लिए अब यहाँ से बोरिया बिस्तर बाँध कर भाग जाना ही एकमात्र विकल्प रह गया। ऐसी परिस्थिति में कई हिन्दुओं ने इस प्रकार के उत्पीड़न और अत्याचारों से अपना बचाव करने के दृष्टिकोण से या तो इस्लाम स्वीकार कर लिया या फिर कश्मीर से पलायन कर दिया। इसके अतिरिक्त कुछ लोग ऐसे भी रहे होंगे जिन्होंने दोनों ही परिस्थितियों में अपने आपको असुरक्षित समझा होगा और तब उन्होंने आत्महत्या को ही एकमात्र विकल्प समझा होगा। जबकि कुछ लोग ऐसे भी रहे जो मुस्लिमों से हुए संघर्ष में मार दिए गए।

जीवन मरण का प्रश्न हमारे सम्मुख आया बार-बार।
बिना उफ किए मृत्यु को हरदम किया था स्वीकार।।

जब सिकंदर बुतशिकन कश्मीर के हिन्दू पुस्तकालयों को जला-जलाकर नष्ट कर रहा

था, तब राष्ट्रभक्त धर्मवीर हिन्दुओं को उसका यह कृत्य अच्छा नहीं लग रहा था। अपनी आँखों के सामने अपने सांस्कृतिक वैभव को उजड़ते देखकर हिन्दुओं को असीम वेदना की अनुभूति हो रही थी। इसलिए उन्होंने भी अपने ज्ञान-विज्ञान की पुस्तकों को हिमाचल की कंदराओं में या दुर्गम जंगलों में ले जाकर छिपाने का प्रयास किया।

शिक्षा -केंद्रों को भी जलाकर कर दिया राख

उस समय कश्मीर विद्या का एक केन्द्र था। यहाँ के अनेकों विद्यालयों और वैदिक शिक्षा के केंद्रों को जलाकर राख कर दिया गया था।

-श्रीवर ने अपनी राजतरंगिणी में लिखा है-

मुसलमानों के द्वारा किये गये इस ज्ञान संहार की ताण्डव लीला को देखकर उस समय के विद्वान् लोग पुस्तकों को किसी प्रकार बचाने के लिए छद्मवेष धारण करके कुछ एक पुस्तकों को लेकर दुर्गम पहाड़ों को पार करके यहाँ से भाग गये। इस प्रकार वर्षों तक इन कश्मीरी पण्डितों ने जंगलों इत्यादि में छिपकर भारत की प्राचीन संस्कृति की रक्षा की। इसके उपरान्त भी असंख्य दुर्लभ ग्रन्थ सुल्तानों के हमामों और भट्टियों में जलकर राख हो गये।"

-कश्मीर हिन्दुओं के रक्त पिपासु लोगों के लिए उस समय एक तीर्थ ही बन गया था। हजारों सैयद कश्मीर में आकर भारतीयों के धर्मांतरण की प्रक्रिया में लग गये थे। इन लोगों को ऐसा कार्य करते हुए इतिहास में कुछ इस प्रकार दिखाया गया है कि जैसे यह पहले से ही ज्ञान-विज्ञान के केंद्र रहे कश्मीर में आकर कश्मीरियों पर बहुत बड़ा उपकार कर रहे थे। जबकि सच यह था कि अपने इस कार्य के माध्यम से यह लोग भी इस्लाम की 'उत्कृष्ट सेवा' कर रहे थे अर्थात् लोगों का धर्मांतरण करने में सहायक बनकर ये इस्लाम की मौन रहकर बहुत बड़ी सेवा कर रहे थे।

- ये सैयद लोग पूर्व और मध्य एशिया से आये थे। इनके अत्याचारों की करुण कहानी का वर्णन श्रीवर 'राजतरंगिणी'

(जिसे 'ज़ैन-उल-आबिदीन की राजतरंगिणी' या 'तृतीय राजतरंगिणी' भी कहते हैं। यह कल्हण की 'राजतरंगिणी' के आधार पर ही है।) में करते हुए लिखता है- "सैयदों के अत्याचारों की कहानी अति भयंकर है। वे मानवता एवं क्रूरता की सीमा पार कर गये थे। वैद्य पण्डित भुवनेश्वर को सैयदों ने मारकर उसके चन्दन लिप्त मस्तक को काटकर राजपथ पर रख दिया था। सैयदों ने जनता में भय उत्पन्न करने के लिए कटे सिरों को वितस्ता के तट पर कोयलों और लकड़ियों में रख दिया।"

वह आगे लिखता है कि "हिन्दुओं के शव वितस्ता नदी में फेंक दिये जाते थे। तैरते

हुए वे दुर्गंध करते थे। महायदमसर में बहते चले जाते थे। उनका अन्तिम संस्कार करने का भी कोई विचार नहीं करता था। वितस्ता के दोनों ओर तटों पर आने वाली स्त्रियों को बाणों से बींधकर अंग विदीर्ण कर देना साधारण बात थी। वितस्ता तट पर रोककर प्रतिदिन दो तीन व्यक्तियों को सूली पर चढ़ा देते थे। रूई की गद्दी पर रखे उपधान के स्पर्श का उत्तम सुख प्राप्त करने वाले सुंदर श्रृंगार परिपूर्ण वे भूमि (सम्भ्रांत सामंतों की ओर संकेत है) पर नग्नावस्था में काक, कुक्कुट, वृकों के भोजन बनते, खाये गये मेदा, मांस बंसा से निकलते कृमियों सहित तथा दुर्गंध युक्त देखे गये। समुद्र मठ से लेकर पूर्वाधिष्ठान तक मार्गों में ईंधन के गट्ठर के समान निर्वस्त्र शव पड़े हुए थे। अधिकारियों का वध बिना न्याय किये ही कर दिया जाता था। उनके शवों के साथ क्रूरता की जाती थी।

राजप्रासाद के प्रांगण से चाण्डालों के कूल्हों में रस्सी बाँधकर उन्हें (ताज एवं याचक को) खींचा, उनके शरीर के अंग मलयुक्त हो गये थे। वे कुत्तों के भोजन बने। सैनिकों के पराजित होने पर उनका मस्तक काटकर उन्हें झण्डों पर टांग दिया जाता था।"

जहाँ तक बल प्रयोग की बात है तो मुहम्मद बिन तुगलक के विषय में 'मसालिक उल अंसार', एलियट एण्ड डाउसन खण्ड तृतीय, पृष्ठ 580, से पता चलता है कि "सुल्तान गैर मुस्लिमों (हिंदुओं) पर युद्ध करने के अपने सर्वाधिक उत्साह में कभी भी कोई कैसी भी कमी नहीं करता। हिन्दू बंदियों की संख्या इतनी अधिक थी कि प्रतिदिन अनेकों हजार हिन्दू बेच दिये जाते थे।"

यह भी दृष्टव्य है "सर्वप्रथम युद्ध के मध्य बंदी बनाये गये, में भेंट कर दिया जाता था। इसके पश्चात् अन्य काफिरों की पुत्रियों को सुल्तान काफिर राजाओं की पुत्रियों को अमीरों और महत्वपूर्ण विदेशियों को उपहार दे देता था, अपने भाइयों व संबंधियों को।" (संदर्भ: तुगलक कालीन भारत 'एस.ए. रिजवी भाग 1 पृष्ठ 189)।

इब्नबतूता हमें बताता है-"।तब सुल्तान (मुहम्मद बिन तुगलक) शिकार के अभियान के लिए बारान गया, जहाँ उसके आदेशानुसार सारे हिन्दू देश को लूट लिया गया और विनष्ट कर दिया गया। हिन्दू सिरों को एकत्र कर लाया गया तथा बारान के किले की चहारदीवारी पर टाँग दिया।"

सैयद राजवंश

सैयद वंश का शासन काल मात्र 37 वर्ष का रहा। 1414 ईस्वी से लेकर 1451 ई0 तक इस वंश के कई शासकों ने शासन किया। यद्यपि इनका शासनकाल संक्षिप्त है और यह पारस्परिक कलह में ही अधिक फँसे रहे, परन्तु इस सबके उपरान्त भी ऐसा कोई प्रमाण

नहीं है कि इन्होंने हिन्दुओं के प्रति कहीं दयालुता का व्यवहार किया हो या तुर्क शासक अपनी परम्परागत हिन्दू नीति में किसी प्रकार का आमूलचूल परिवर्तन करने में सफल हुए हों? कहने का अभिप्राय है कि हिन्दू विरोध की तुर्क और इस्लामिक परम्परा इनके शासन काल में भी यथावत बनी रही।

लोदी वंश

जितने भी तुर्क शासक हुए उन सबका राज-धर्म अर्थात लोक कल्याणकारी शासन की स्थापना से कोई किसी प्रकार का सम्बन्ध नहीं था। लूट-धर्म में विश्वास रखने वाले ये लोग भारत को लूटने -खसोटने और यहाँ के लोगों पर अत्याचार करने को ही अपना राजधर्म मानते थे। वास्तव में भारत में इस्लामिक शासकों का शासन-काल वह काल है जिसे अराजकता, शोषण, अत्याचार, दमन, दलन और उत्पीड़न का काल कहा जाना ही उचित होगा। गैर मुस्लिमों को इस काल में किसी प्रकार के अधिकार नहीं थे। एक प्रकार से देश के मुंसिफ कातिल बन चुके थे।

इसी प्रकार के अराजकतावादी काल में जब लोदी-वंश का शासन आया तो इस वंश के शासक सिकन्दर लोदी व बहलोल खान के शासन-काल में हिन्दुओं को जलाकर मारने की बहुत ही हृदयविदारक और पैशाचिक घटनाएँ हुई। यह आज हमारे लिए चाहे पैशाचिक और हृदयविदारक घटनाएँ हैं, परन्तु उस समय के शासक-वर्ग के लिए यह आनंददायक घटनाएँ थीं। क्योंकि साम्प्रदायिकता का भूत उनके सिर पर चढ़कर बैठा था। जो उन्हें आग से जलकर मर रहे हिन्दुओं की हृदयविदारक चीत्कार से आनन्दित करता था।

1499 ई0 की एक बड़ी इतिहास प्रसिद्ध घटना है। जब एक बंगाली ब्राह्मण हिन्दू और मुस्लिमों के बीच एकता का भाव पैदा करने का सराहनीय कार्य कर रहा था। उसके विचारों को सुनकर बहुत से हिन्दू और मुसलमान उसके शिष्य हो गए थे। उसका कहना था कि यह दोनों धर्म ही सच्चे हैं जो ईश्वर तक पहुँचने का मार्ग मनुष्य को बताते हैं।

सिकन्दर को जब इस ब्राह्मण के इस प्रकार के विचारों की जानकारी हुई तो उसने अपने इस्लामिक विशेषज्ञों को बुलाकर उनसे परामर्श लिया। कट्टरवादी सोच से ग्रसित इस्लामिक विद्वानों ने सिकंदर को बताया कि यह सोच अपने आप में पूर्णतः गलत है। इस्लामिक विद्वानों ने सिकन्दर को उस ब्राह्मण को इस्लाम अपनाने या मारे जाने में से एक चुन लेने के लिये कहा। सिकन्दर ने ऐसा ही किया। पर ब्राह्मण ने अपना मत बदलने से इन्कार कर दिया, तब उस ब्राह्मण को मार दिया गया।

इस प्रकार वास्तविक अर्थों में गंगा-जमुनी संस्कृति का निर्माण करने वाले उसी

ब्राह्मण को इस्लाम की तलवार ने मौत के घाट उतार दिया। वास्तव में सच यही है कि जो लोग गंगा -जमुनी संस्कृति की सच्चाई को यथार्थ के धरातल पर उतारने का प्रयास करते हैं, उन्हें इस्लाम की तलवार जीवित नहीं रहने देती। वास्तव में गंगा-जमुनी संस्कृति का अर्थ यह है कि हिन्दू दमन को मौन रहकर सहन करता रहे और इस्लाम अपना विचार विस्तार अपने स्वेच्छाचारी स्वरूप को अपनाकर करता रहे।

उत्तर प्रदेश के एक समकालीन इतिहासकार ने लिखा है कि- "लोधी इतना कट्टर मुसलमान था कि उसने काफिरों के पूजास्थलों को बड़े पैमाने पर नष्ट किया। मथुरा जो कि मूर्तिपूजा का प्रमुख गढ़ था, वहाँ के मन्दिरों को पूरी तरह नष्ट कर दिया। वहाँ स्थापित मूर्तियों को कसाइयों को मांस तौलने के काम में लेने के लिये दे दिया। सभी हिन्दुओं के सिर और दाढ़ी मूण्डने पर पाबन्दी लगा दी। इस तरह पूरा शहर इस्लामिक मान्यताओं के अनुसार चलने लगा।" (तारीख-ए-दाउदी)

इस प्रकार के सारे वर्णन और तथ्य स्पष्ट करते हैं कि मज़हब ही लोगों को एक-दूसरे से वैर करना सिखाता है। क्योंकि मज़हब का मूल स्वभाव ही तोड़फोड़ कराने, एक-दूसरे को नीचा दिखाने, एक-दूसरे के प्रति घृणा व्यक्त करने और एक-दूसरे के अधिकारों का हनन करने की सीख देना है।

धर्म हमारा तलवार से जो लोग थे मिटाने को चले।
बड़ी दुष्टता से वे नीच जन पूर्वजों को थे हमारे रौंदते।।

उनके नीच व्यवहार से ना तनिक हम भयभीत थे।
क्योंकि उस काल में भी न्याय व धर्म हमारे मीत थे।।

❒

अध्याय-7

बाबर व अकबर के शासन-काल में हिन्दू दमन

भारत के लाखों-करोड़ों वर्ष के इतिहास को गहरे गड्ढे में दबाकर भारत-द्वेषी इतिहासकारों ने केवल और केवल मुगल काल को प्रमुखता देते हुए उसे कुछ इस प्रकार प्रस्तुत किया है कि जैसे आज का भारत मुगलों के स्वर्णिम शासन-काल की ही देन है। इनका ऐसा प्रयास देखकर यह लगता है कि यदि भारत वर्ष के इतिहास से मुगल काल को निकाल दिया जाए तो फिर भारतवर्ष के पास ऐसा कुछ भी नहीं बचेगा जिस पर वह गर्व और गौरव की अभिव्यक्ति कर सके।

यही कारण है कि मुगल वंश के सभी शासकों के हिन्दू विरोधी उत्पीड़नात्मक कार्यों को भुलाकर कुछ इस प्रकार प्रस्तुत किया गया है जैसे उन्होंने भारत, भारतीयता और भारतीयों के लिए ही अपना जीवन खपाया और उनका शासन पूर्णतया लोक-कल्याणकारी राज्य था। वामपंथी इतिहासकार रोमिला थापर तो कुछ और भी आगे बढ़कर कहती हैं कि मुगल विदेशी नहीं थे। बाबर तो विदेशी था, परन्तु उसके आगे आने वाले उसके वंशज पूर्णतया भारतीय थे। क्योंकि उनका जन्म भारत वर्ष में हुआ था। रोमिला थापर जैसे इतिहासकारों की बुद्धि पर सचमुच तरस आता है। क्योंकि ये ही वे इतिहासकार हैं जो आर्यों, शक, हूण, कुषाण (जो कि वास्तव में मूल रूप से भारतीय ही थे) आदि को आज तक विदेशी मानते हैं जो कि बाबर से सदियों पहले कथित रूप से भारत आए थे। यदि उन्हें विदेशी मान भी लिया जाए तो भी वे भारतीय समाज और संस्कृति में इस प्रकार घुलमिल गए कि उन्हें आज अलग से खोजना भी लगभग असम्भव है।

जिन आर्यों के धर्म पर हम भारतीयों को नाज है,
मर्यादा जिनकी विश्व में बेजोड़ थी और आज है।

उनको विदेशी मानना इस राष्ट्र का अपमान है,
कह रहे जो लोग ऐसा वह कोढ़ में भी खाज हैं।।

यह कितना दुर्भाग्यपूर्ण और हास्यास्पद तथ्य है कि यदि इन इतिहासकारों की सोच के अनुसार इन सभी को विदेशी मान भी लिया जाए तो उनके वंशज तो आज तक भी विदेशी ही हैं, जबकि मुगल शासक बाबर के वंशज उसके भारत आगमन के 5 वर्ष पश्चात् (अर्थात् 1530 ई. में जब बाबर मरा और उसका पुत्र हुमायूँ गद्दी पर बैठा) ही तुरन्त भारतीय हो गए।

मुगलवंश का संस्थापक बाबर एक विदेशी लूट गिरोह का मुखिया था। वह जब भारत आया तो उसके पास भारत के प्रति लूट की योजना के अतिरिक्त और कुछ भी नहीं था। यही कारण था कि उसने भारत आने के पश्चात् भारत को जमकर लूटा। भारत को सांस्कृतिक रूप से लूटने का भी उसने हरसम्भव प्रयास किया। इसी आक्रमणकारी के समय उसके सेनापति मीर बाकी खान के आदेश से अयोध्या स्थित विश्व प्रसिद्ध श्री रामचन्द्र जी का मन्दिर भी तोड़ा था। यह घटना 1528 ईस्वी की है।

बाबर भी चाहता था 'गाजी' बनना

बाबर की 'गाजी' बनने की तीव्र इच्छा थी। बाबर ने अपने विजय पत्र में अपने आपको मूर्तियों की नींव का खण्डन करने वाला कहा है। ऐसा करके ही वह गाजी की पवित्र उपाधि को प्राप्त कर सका था। गाजी की इस पवित्र उपाधि को प्राप्त करके उसे उतना ही चैन मिला था जितना एक कट्टर मुसलमान को मिलना चाहिए अर्थात् हिन्दू विरोध और हिन्दू धर्म स्थलों के प्रति अश्रद्धा बाबर के भीतर एक संस्कार के रूप में पूर्व से ही विद्यमान थी। यही कारण था कि जिस समय अयोध्या स्थित रामचन्द्र जी का मन्दिर तोड़ा गया, उस समय बाबर ने हजारों की संख्या में हिन्दुओं का नरसंहार किया था। ऐतिहासिक स्रोतों से पता चलता है कि मन्दिर के तोड़े जाने से आहत हिन्दू लोगों ने बाबर की सेना का भरपूर विरोध किया था। जिसमें बड़ी संख्या में हिन्दुओं ने अपना बलिदान दिया था।

बाबर के इस कुकृत्य के विरुद्ध हिन्दुओं ने पिछली शताब्दियों में लगभग छः दर्जन युद्ध लड़े हैं। जिसमें लाखों हिंदुओं का बलिदान हुआ है। स्वतन्त्रता प्राप्ति के पश्चात् सारे तथ्यों के होते हुए भी शान्ति के मज़हब को मानने वाले लोगों ने इस वथ्य को हर बार झुठलाने का प्रयास किया कि वहाँ पर कभी राम मन्दिर था। साम्प्रदायिक सोच और साम्प्रदायिकता के प्रति पूर्णतया समर्पित रहने की उनकी भावना ने उन्हें ऐसा करने से बार-बार रोका। इस पवित्र स्थल हेतु श्रीगुरु गोविंदसिंह जी महाराज, महारानी राजकुँवरी तथा अन्य महान योद्धाओं और वीरांगनाओं ने भी संघर्ष कर बलिदान दिये हैं।

मन्दिर के लिए हिन्दुओं ने दिए हैं अप्रतिम बलिदान

हिन्दुओं के प्रति बाबर भी हर मुस्लिम बादशाह की भाँति कट्टर और निर्दयी था। उसने अपने पहले आक्रमण में ही बाजौर में 3000 से भी अधिक निर्दोष और निरपराध हिन्दुओं की हत्या कर दी थी। यहाँ तक कहा जाता है कि उसने इस युद्ध के दौरान एक पुश्ते पर मृत हिन्दुओं के सिरों को काटकर उनका स्तम्भ बनवा दिया था। इसी प्रकार के नरसंहार उसने 'भेरा' पर आक्रमण के समय भी किए थे।

बाबर ने जब सैयदपुर, लाहौर तथा पानीपत पर आक्रमण किया तो बूढ़े, बच्चे महिलाओं का जमकर नरसंहार किया था। गुरुनानक जी ने बाबर के इन वीभत्स अत्याचारों को अपनी आँखों से देखा था। उन्होंने इन आक्रमणों को 'पाप की बारात' और बाबर को 'यमराज' की संज्ञा दी थी।

संस्कृति रक्षार्थ बलिदान जिसने हैं दिए,
भारत भूमि के लिए प्राण जिसने हैं दिए।
इतिहास के वे लाल अमूल्य मोती भी खरे,
प्रणाम उसको ही करें लाल अपने खो दिये।।

बाबर ने मुसलमानों की सहानुभूति पाने के लिए हिन्दुओं का नरसंहार ही नहीं किया, अपितु अनेक हिन्दू धर्मस्थलों को भी नष्ट किया। उसी के शासनकाल में सम्भल में एक मन्दिर को गिराकर मस्जिद का निर्माण करवाया गया। उसके सदर शेख जैना ने चन्देरी के अनेक मन्दिरों को नष्ट किया। यही नहीं ग्वालियर के निकट उरवा में अनेक जैन मन्दिरों को भी नष्ट किया था।

हिन्दुओं के प्रति हुमायूँ व अकबर का दृष्टिकोण

जो सोच हिन्दुओं के प्रति बाबर की रही, वही उसके पुत्र हुमायूँ की भी रही। यद्यपि वह स्थायी रूप से कभी शासन करने में सफल नहीं हो पाया, परन्तु जब भी और जितनी देर भी वह बादशाह रहा उतनी देर उसने हिन्दुओं के प्रति वैसे ही उत्पीड़नात्मक कार्यों को जारी रखा जैसे उसके पिता ने जारी रखे थे।

हुमायूँ के पश्चात् उसके पुत्र अकबर ने राज्यसिंहासन संभाला। उसके शासनकाल को तो वामपंथी और कांग्रेसी इतिहासकारों ने भारत के लिए बहुत ही अधिक शुभ माना है। यद्यपि वह भी हिन्दुओं के प्रति कभी उदार नहीं रहा। उसके शासनकाल में हिन्दुओं के उत्पीड़न का क्रम पूर्ववत जारी रहा।

अकबर के विषय में उसके समकालीन इतिहास लेखक अहमद यादगार का कहना है कि:-

"बैरम खाँ ने निहत्थे और बुरी तरह घायल हिन्दू राजा हेमू के हाथ पैर बाँध दिये और उसे नौजवान शहजादे के पास ले गया और बोला, आप अपने पवित्र हाथों से इस काफिर का कत्ल कर दें और 'गाज़ी' की उपाधि कुबूल करें, और शहजादे ने उसका सिर उसके अपवित्र धड़ से अलग कर दिया।"

(5 नवम्बर, 1556) (तारीख-ई-अफगान, अहमद यादगार, अनुवाद एलियट और डाउसन, खण्ड 6, पृष्ठ 65-66)

इस कथन से स्पष्ट है कि अकबर ने गाजी का पद प्राप्त करने के लिए ही हेमू का वध अपने हाथों किया था। उसने अपने आपको इस बात के लिए बहुत ही अधिक सौभाग्यशाली माना था कि वह 14 वर्ष की अवस्था में ही गाजी हो गया था।

अबुल फजल ने आगे लिखा "हेमू के पिता को जीवित ले आया गया और नासिर-उल-मलिक के सामने पेश किया गया। जिसने उसे इस्लाम कबूल करने का आदेश दिया, किन्तु उस वृद्ध पुरुष ने उत्तर दिया, "मैंने अस्सी वर्ष तक अपने ईश्वर की पूजा की है; मैं अपने धर्म को कैसे त्याग सकता हूँ?"

"मौलाना परी मोहम्मद ने उसके उत्तर को अनसुना कर अपनी तलवार से उसका सर काट दिया।"

(अकबरनामा, अबुल फजल एलियट और डाउसन, पृष्ठ 21)

बनवा दी थी हिन्दुओं के कटे सिरों की ऊँची मीनार

इस विजय पर अपनी प्रसन्नता व्यक्त करते हुए अकबर ने कटे हुए सिरों से एक ऊँची मीनार बनवा दी थी। जिससे कि साधारण हिन्दुओं के मन में उसके शासन का भय व्याप्त हो जाए। यदि अकबर उदार और लोकतांत्रिक मूल्यों में आस्था रखने वाला शासक था तो उसे ऐसा कार्य कदापि नहीं करना चाहिए था। इसके विपरीत वह अपनी प्रजा के सभी लोगों को समान रूप से देखता और उन्हें समान रूप से न्याय देने की नीति पर विचार करता, परन्तु उसने ऐसा नहीं किया।

चोटी जनेऊ हितार्थ शीश अपने कटवा दिए,
अकबर ने जिनके मुंड से मीनार थे चिनवा दिए।

वे पूर्वज हमारे महान थे, महान उनकी सोच थी,
है गर्व उनके कर्म पर -आजाद हम करवा दिए।।

इसके अतिरिक्त अकबर के बारे में यह भी सत्य है कि उसने 02 सितम्बर 1573 को अहमदाबाद में 2000 हिन्दुओं के सिर काटकर अब तक की सबसे ऊँची सिरों की मीनार बनवायी। इस प्रकार हिन्दुओं को आतंकित करने और उनके सिरों से मीनार बनवाने का शौक अकबर को कुछ वैसे ही चढ़ गया था, जैसे किसी शराबी को हर शाम को जाम टकराने का शौक चढ़ जाता है। लोक-कल्याणकारी शासन की नीतियों में विश्वास रखने वाले और प्रजाहितचिंतक शासक के लिए यह सारी बातें शोभनीय नहीं होतीं। इनको वही शासक करता है या कर सकता है जो मज़हबी दृष्टिकोण से लोगों में अंतर करके देखने का अभ्यासी हो।

अकबर को महान बताने वालों को अकबर के 'महान' कार्यों पर विचार करते हुए उसके 'अकबरनामा' को अवश्य पढ़ना चाहिए। 'अकबरनामा' के अनुसार 3 मार्च 1575 को अकबर ने बंगाल विजय के दौरान इतने सैनिकों और नागरिकों की हत्या करवायी कि उससे कटे सिरों की आठ मीनारें बनायी गयीं। 1575 तक के आते-आते अकबर के शासन काल को भी भारत वर्ष में 20 वर्ष हो चुके थे। यदि अकबर की मानसिकता अपने सभी प्रजाजनों के मध्य न्याय करने की रही होती तो वह कम से कम 20 वर्ष तक शासन करने के उपरान्त तो सम्भल सकता था, परन्तु वह नहीं संभला और निरन्तर हिन्दुओं के कटे हुए सिरों की मीनार बनाने में आनंद लेता रहा। माना जा सकता है कि अकबर अपने निजी विचारों में उदार रहा हो, परन्तु उसकी हिन्दुओं के प्रति नीति तो उसके बारे में यही स्पष्ट धारणा बनाने के लिए हमें प्रेरित करती है कि वह मज़हबपरस्ती का शिकार था और मज़हबी दृष्टिकोण के कारण ही वह हिन्दुओं से घृणा करता था।

राजपूत योद्धाओं की कर दी थी हत्या

अकबर की चित्तौड़ विजय के विषय में अबुल फजल ने लिखा था- "अकबर के आदेशानुसार प्रथम 8000 राजपूत योद्धाओं को बंदी बना लिया गया, और बाद में उनका वध कर दिया गया।"

"प्रातःकाल से दोपहर तक अन्य 40000 किसानों का भी वध कर दिया गया, जिनमें 3000 बच्चे और वृद्ध थे।"

(अकबरनामा, अबुल फजल, अनुवाद एच. बैबरिज)

बंदी बनाए लाल पहले फिर काट डाले शीश थे,
अकबर के यह कारनामे बताओ कैसे उच्च थे?
क्षत्रिय योद्धा हमारे हर प्रकार से आदर्श थे,
आदर्श के आदर्श हैं आदर्श हमारे उत्कर्ष थे।।

अकबर के बारे में दिए गए इस विवरण से हमें पता चलता है कि वह अपने विरुद्ध लड़ रहे सैनिकों के प्रति ही कठोर नहीं था अपितु हिन्दू किसानों और बच्चों के प्रति भी कठोर था। स्पष्ट है कि किसान और बच्चे उसके विरुद्ध कहीं लड़ाई नहीं लड़ रहे थे। ऐसे में उसे अपनी तथाकथित उदारता का परिचय देते हुए किसानों और बच्चों पर किसी प्रकार की कठोरता का प्रदर्शन नहीं करना चाहिए था।

अकबर के हरम में हिन्दू महिलाओं की स्थिति

अपने हरम को हिन्दू महिलाओं से भरने के लिए "अकबर ने अनेकों हिन्दू राजकुमारियों के साथ जबरन शादियाँ की थीं, परन्तु कभी भी, किसी मुगल महिला को हिन्दू से शादी नहीं करने दी। केवल अकबर के शासनकाल में 38 राजपूत राजकुमारियाँ शाही खानदान में ब्याही जा चुकी थीं। 12 अकबर को, 17 शाहजादा सलीम को, 6 दानियाल को, 2 मुराद को और 1 सलीम के पुत्र खुसरो को।"

अकबर बहुत ही चरित्रहीन व्यक्ति था। उसे भारतीय राजाओं की परम्परा में राजा के आवश्यक गुणों की कसौटी पर यदि कसकर देखा जाए तो उसमें राजा का एक भी गुण नहीं था। हिन्दू महिलाओं के साथ उसने जिस प्रकार के अत्याचार किए और उन्हें अपने हरम में भर-भरकर जिस प्रकार उन्हें केवल 'खेती' समझा, उससे उसके चरित्र का वह पक्ष प्रकट होता है, जिसके चलते उसने हिन्दू महिलाओं को अपनी वासना और व्यभिचार का जी भरकर शिकार बनाया। उसने गोंडवाना की रानी दुर्गावती को भी अपनी वासना का शिकार बनाना चाहा था।

जिसका उल्लेख आर.सी. मजूमदार ने 'दी मुगल एंपायर' खंड 7 में किया है। वह लिखते हैं -

"सन् 1564 में अकबर ने अपनी हवस की शान्ति के लिए रानी दुर्गावती पर आक्रमण कर दिया, किन्तु एक वीरतापूर्ण संघर्ष के बाद अपनी हार निश्चित देखकर रानी ने अपनी ही छाती में छुरा घोंपकर आत्म हत्या कर ली। किन्तु उसकी बहिन और पुत्रवधू को बन्दी बना

लिया गया और अकबर ने उसे अपने हरम में ले लिया। उस समय अकबर की उम्र 22 वर्ष और रानी दुर्गावती की 40 वर्ष थी।"

(आर. सी. मजूमदार, दी मुगल ऐम्पायर, खण्ड VII)

वास्तव में अकबर का हिन्दू महिलाओं के प्रति इस प्रकार का दृष्टिकोण उसे अपने मज़हब से विरासत में प्राप्त हुआ था। जहाँ पर आज भी यह मान्यता है कि यदि हिन्दू लड़की को गर्भवती किया जाए तो जन्नत में जाने का हक मिल जाता है। इसलिए अकबर के मन मस्तिष्क में भी यही सोच काम कर रही थी। यही कारण था कि वह हिन्दू महिलाओं को अपने हरम में भरने के लिए मीना बाजार लगाया करता था। जहाँ से वह अपनी मनपसंद हिन्दू महिला को अपने सेवकों, सैनिकों और कभी-कभी स्वयं भी उठवाकर मँगवा लिया करता था।

व्यभिचारी अकबर और हिन्दू समाज

तनिक कल्पना कीजिए कि उस समय बादशाह की इस प्रकार की गतिविधियों को हिन्दू समाज कितना अनुचित और अपमानजनक मानता होगा? विशेष रूप से तब जबकि नारी जाति का सम्मान करना और किसी दूसरे की बहन -बेटी को अपनी बहन -बेटी और माता के समान समझना हिन्दू समाज का प्राचीन संस्कार रहा हो। तब किसी ऐसे व्यभिचारी भूखे भेड़िए को ऐसे हिन्दू समाज के लिए सहन करना कितना कठिन हो गया होगा?

स्पष्ट है कि ऐसी परिस्थितियों में हिन्दू समाज के वीर योद्धा अपनी बहन -बेटियों के सम्मान के लिए बार-बार विद्रोह के लिए मचलते रहे होंगे। यही कारण है कि अकबर सहित किसी भी मुगल बादशाह को इन वीर योद्धाओं की जवानी ने कभी चैन की नींद सोने नहीं दिया।

हमें इस विषय में यह भी ध्यान रखना चाहिए कि जब सामान्य हिन्दू परिवार अपनी बहन -बेटी को बादशाह की इस प्रकार की वासना की भूख का शिकार होते देखते होंगे या उसके कर्मचारियों के ऐसे अपमानजनक व्यवहार को देखते होंगे तो उनका क्रोध किसी सामान्य मुगल कर्मचारी या मुस्लिम पर फूटता होगा। जैसा कि हम आजादी से पूर्व भारत के लोगों को अंग्रेजों के विरुद्ध भड़कते हुए देखा करते थे। उस परिस्थिति में अकबर या किसी भी मुगल बादशाह के प्रतिनिधि के रूप में उन सामान्य मुस्लिम या कर्मचारियों को अपने सामने खड़े देखकर हिन्दू जन उन पर टूट पड़ते होंगे। इसी से विद्रोह की आग स्थान स्थान पर फैल जाया करती थी।

विद्रोह की इस आग को ही आज के संदर्भ में साम्प्रदायिक दंगे कहना चाहिए। क्योंकि

ये विद्रोह शासन की साम्प्रदायिक सोच के विरुद्ध भड़की हुई हिंसा हुआ करते थे। उस समय इन दंगों को सांप्रदायिक शासकों का संरक्षण प्राप्त होता था। जिस कारण तत्कालीन इतिहास लेखक दंगों को अपने राजनीतिक नायकों की इच्छा के अनुरूप लिख दिया करते थे। घटनाओं के पीछे के उस सच को कभी नहीं लिखा जाता था जो हिन्दुओं को मुस्लिम शासकों के विरुद्ध बार-बार विद्रोह करने के लिए प्रेरित करता था।

क्या होते हैं साम्प्रदायिक दंगे?

वास्तव में दंगे किसी सम्प्रदाय विशेष की साम्प्रदायिक सोच के विरुद्ध भड़की हुई हिंसा होती है। जिसे कोई एक वर्ग जब सहन करने से इंकार कर देता है तो क्रोध बेलगाम होकर बाहर आ जाता है। ऐसा ही हम आज भी देखते हैं। मेरठ जैसे जिन शहरों में रह-रहकर साम्प्रदायिक दंगे भड़कते हैं उनके पीछे के कारणों पर यदि विचार किया जाए तो पता चलता है कि हिन्दुओं की बहन बेटियों को मुस्लिमों के लड़के अपनी गलियों से जब निकलना कठिन कर देते हैं और उनके विरुद्ध अभद्र व अशोभनीय व्यवहार करने तक उतर आते हैं तब किसी ना किसी हिन्दू युवक का खून खौल उठता है।

तब हम देखते हैं कि वह प्रतिशोध का भाव साम्प्रदायिक दंगे का रूप ले लेता है। कांग्रेस और वामपंथी विचारधारा के लोग इन साम्प्रदायिक दंगों को कुछ इस प्रकार व्याख्यायित और परिभाषित करते हैं कि जैसे दंगों में दोनों सम्प्रदायों में से हिन्दुओं का ही अधिक दोष था। इनकी मुस्लिम तुष्टिकरण की नीति के कारण सच सामने नहीं आ पाता, अन्यथा यदि सच को स्वीकार करने का साहस इनके भीतर हो तो स्पष्टतः प्रावधान किया जाए कि कोई भी सम्प्रदाय और विशेष रूप से मुस्लिम सम्प्रदाय हिंदूओं की बहन-टियों के साथ किसी भी प्रकार का अशोभनीय व्यवहार नहीं करेगा और यदि ऐसा करता पाया जाता है तो उसके विरुद्ध कठोर कार्यवाही होगी।

'पीठ पर दाग' का अभिप्राय

हम हिन्दू समाज में आज भी एक मुहावरा प्रचलित होते हुए देखते हैं कि 'मेरी पीठ पर दाग लगा हुआ है।' इसको हमारे हिन्दू समाज के लोग तब प्रयोग करते हैं जब कोई अपमानजनक घटना उनके साथ घटित हो गई होती है। उस अपमानजनक घटना का प्रतिशोध जब तक वह नहीं ले लेता है, तब तक उसे चैन नहीं आता है। वास्तव में यह मुहावरा अलाउद्दीन खिलजी के समय से प्रचलित है। अलाउद्दीन खिलजी ने पहली बार यह परम्परा स्थापित की थी कि यदि कोई हिन्दू शासक उसकी अधीनता स्वीकार कर लेता

था तो उसके घोड़े की पीठ पर शाही दाग लगा दिया जाता था। जिससे कि यह पता चल जाए कि इस घोड़े पर बैठने वाला राजा अलाउद्दीन खिलजी का गुलाम है।

-इस दाग को हमारे राजा और वीर योद्धा कभी भी सहज रूप में स्वीकार नहीं करते थे। वह इस दाग को मिटाने के लिए संकल्पित हो उठते थे। बाद में अन्य मुस्लिम शासकों के समय के लिए भारतीयों ने इसे एक मुहावरे के रूप में स्थापित कर लिया। यह मुहावरा वास्तव में हिन्दुओं का एक विकल्पविहीन संकल्प होता था। उस संकल्प की पूर्ति के लिए वह जीवन खपा देते थे। कहने का अभिप्राय है कि जिस हिन्दू समाज में पीठ पर लगे दाग को धोने की परम्परा बड़ी गहराई से पैठ जमाये बैठी हो, उसमें मुस्लिमों के द्वारा किये गए किसी भी अपमानजनक व्यवहार को वे कैसे सहन कर सकते थे? अतः स्पष्ट है कि प्रत्येक अपमानजनक कार्यवाही से प्रतिरोध का लावा फूटता था, वही प्रतिरोध विद्रोह या साम्प्रदायिक दंगे का रूप ले लेता था। उनके इस भाव और भावना को इतिहास में सही ढंग से निरूपित नहीं किया है।

भारत में साम्प्रदायिक दंगे क्यों होते थे? यदि इस पर निष्पक्षता से चिन्तन किया जाए और उस चिन्तन को बहुत ईमानदारी से इतिहास में स्थान दिया जाए तो भारत के बारे में यह तथ्य स्पष्ट हो जाएगा कि यहाँ पर जब से मुसलमान आए तब से साम्प्रदायिक दंगे आरम्भ हुए और यदि वे आज भी होते हैं तो उनके पीछे मुस्लिमों का हिन्दू समाज की बहन बेटियों के प्रति अपनाया जाने वाला दुर्व्यवहार मुख्य कारण होता है।

देश का भारी दुर्भाग्य

देश का दुर्भाग्य यह है कि जिस व्यभिचारी और हिंदू बहन-बेटियों को अपमानित करने वाले अकबर को इस देश का महान शासक बताया जाता है, उसी का अनुसरण करने वाले आज के अकबरों को भी महानता प्राप्ति का चस्का लगा दिया गया है कि हिन्दू बहन-बेटियों को उठाओ और अकबर की भाँति महान कहलाओ।

अकबर के विषय में हमें यह भी पता चलता है कि अकबर द्वारा राजकुमार जयमल की हत्या के पश्चात् जब उसकी वीरांगना पत्नी अपनी अस्मिता की रक्षार्थ घोड़े पर सवार होकर सती होने जा रही थी और जब उस सुन्दर वीरांगना पर व्यभिचारी अकबर की कुदृष्टि पड़ी तो अकबर ने रास्ते में ही पकड़ लिया।

श्मशान घाट जा रहे उसके सगे सम्बन्धियों को वहीं से कारागार में सड़ने के लिए भेज दिया और राजकुमारी को अपने हरम में ठूंस दिया।

जिनके हरम में हजारों हिंदू ललनाएँ थीं सड़ीं,
सम्मान की रक्षार्थ जिनसे वीरांगनायें थी लड़ीं।

उन मुगलों के शासन को कैसे कहें आदर्श हम?
देश-धर्म की रक्षार्थ जिनसे हमारी सेनाएँ थीं भिड़ीं।।

अबुल फजल ने अकबर के हरम को इस तरह वर्णित किया है- "अकबर के हरम में पाँच हजार औरतें थीं और ये पाँच हजार औरतें उसकी 36 पत्नियों से अलग थीं। शहंशाह के महल के पास ही एक शराबखाना बनाया गया था। वहाँ इतनी वेश्याएँ इकट्ठी हो गयीं कि उनकी गिनती करनी भी मुश्किल हो गयी। अगर कोई दरबारी किसी नयी लड़की को घर ले जाना चाहे तो उसको अकबर से आज्ञा लेनी पड़ती थी। कई बार सुन्दर लड़कियों को ले जाने के लिए लोगों में झगड़ा भी हो जाता था। एक बार अकबर ने खुद कुछ वेश्याओं को बुलाया और उनसे पूछा कि उनसे सबसे पहले भोग किसने किया।"

इस्लामिक 'शरीयत' के अनुसार किसी भी मुस्लिम राज्य में रहने वाले गैर मुस्लिमों को अपनी संपत्ति और स्त्रियों को छीनने से बचाने के लिए इसकी कीमत देनी पड़ती थी, जिसे जजिया कहते थे।

वास्तव में जजिया कर भी उस समय हिन्दुओं के भीतर अपमान का भाव पैदा करने वाली शासन की एक ऐसी क्रूर नीति थी जिसे हिन्दू समाज मुन्तखाब-उत-तवारीख : अब्दुल कादिर बदायूँनी, खण्ड II, पृष्ठ 383, अनुवाद वी. स्मिथ, अकबर दी ग्रेट मुगल, पृष्ठ 108)

इसी प्रकार के अन्य अनेकों उदाहरण, तथ्य और साक्ष्य प्रमाण रूप में हमारे पास उपलब्ध हैं जो यह स्पष्ट करते हैं कि अकबर सहित कोई भी मुगल हिन्दुओं के प्रति उदारता का दृष्टिकोण या नीति अपनाने का समर्थक नहीं था। उनके लिए सबसे पहले मज़हब था। साम्प्रदायिक सोच के आधार पर वह अपना शासन चलाना उचित मानते थे।

इसके उपरान्त भी यदि अकबर को भारत प्रेमी और हिन्दू प्रेमी करके दिखाया जाता है तो वह सारा का सारा दुष्प्रचार केवल हिन्दू समाज को कलंकित और अपमानित करने के लिए किया जाता है। देश की वर्तमान युवा पीढ़ी पर इसका दुष्प्रभाव यह पड़ रहा है कि धीरे-धीरे नई पीढ़ी पर जितनी अधिक अकबर की तथाकथित उदारता थोपी जाती है उतनी ही वह मानसिक रूप से नपुंसक होती जा रही है। उसे महाराणा प्रताप में दोष और अकबर की महानता में सर्वत्र पवित्रता दिखाई देती है।

वामपंथी इतिहासकारों की चाल

वास्तव में दृष्टिकोण में इस प्रकार का परिवर्तन कर देना ही वामपंथी और कांग्रेसी इतिहासकारों का एकमात्र उद्देश्य रहा है। कांग्रेस ने इस प्रकार का दुष्प्रचार अपने राजनीतिक स्वार्थों की पूर्ति के लिए किया है। वह मुस्लिम तुष्टिकरण के माध्यम से देश पर शासन करते रहना अपना अधिकार मान चुकी है। कांग्रेस की देखा-देखी वामपंथी भी हिन्दू, हिन्दुत्व और हिन्दुस्तान को कोसना अपना परम पवित्र उद्देश्य मान चुके हैं। ऐसा करके वह भी इस मान्यता के हैं कि एक दिन वह इस देश को 'लाल झंडे' के नीचे ले आएँगे।

जबकि वर्तमान मुस्लिम नेतृत्व अब इन दोनों की मूर्खता को समझकर और देश में बढ़ती अपनी जनसंख्या को देखकर अब स्वयं देश की सत्ता को हथियाने की योजना बनाने लगा है। इसके लिए उसका तर्क यही होता है कि हिन्दुस्तान पर हमने 800 वर्ष शासन किया है और हमने इस देश की आजादी के लिए सबसे अधिक बलिदान दिए थे। आने वाले समय में हिन्दुस्तान पर हम ही शासन करेंगे।

बलिदानों के बलिदान को इतिहास से ओझल किया, महानायक वे बने जिन्होंने देश से था छल किया।

आज हम विचार कर लें इतिहास की यह साक्षी,
भारत हमारा महान था जिसे पूर्वजों ने बल दिया।।

कांग्रेसी और वामपंथी इतिहासकारों की देश विरोधी भावना का लाभ ऐसे मुस्लिम साम्प्रदायिक तत्व यह कहकर उठाते हैं कि देश में लालकिला हो या ताजमहल यह सब हमारे बनवाए हुए हैं। हिन्दुओं का यहाँ पर कुछ नहीं है। अतः देश का यदि अतीत हमारा था तो भविष्य भी हमारा ही होगा। कहने को तो देश में लोकतन्त्र है, परन्तु मुस्लिमों द्वारा इस लोकतन्त्र को भी अपनी बढ़ती जनसंख्या के आधार पर अपना बंधक बनाने की योजना बनाई जा रही है। इन सारी योजनाओं के पीछे सारी साम्प्रदायिक सोच काम कर रही है, अर्थात् भविष्य के भारत पर यदि चिन्तन किया जाए तो मज़हबी सोच भारत के भविष्य को भी धुंधला करती दिखाई दे रही है।

इस समय देश को गृह युद्ध से बचाने के लिए आवश्यक कदम उठाने की आवश्यकता है। जिसके लिए वास्तविक शान्तिप्रिय हिन्दू और मुस्लिम नेतृत्व को साथ बैठना चाहिए। उन्हें देश में समान नागरिक संहिता व जनसंख्या नियंत्रण की माँग एक स्वर से करनी चाहिए। इन लोगों द्वारा सरकार पर इस बात के लिए दबाव बनाना चाहिए कि देश के सभी लोगों को समान अधिकार प्राप्त हों और सब मिलकर देश उत्थान के कार्य में लगें। ❐

अध्याय-8

जहाँगीर, शाहजहाँ और औरंगजेब की हिन्दू नीति

अकबर के लिए कहा जाता है कि उसकी सेना में अधिकांश लोग हिन्दू हुआ करते थे। जिन पर उसका बहुत अधिक विश्वास होता था। अकबर की सेना में रहने वाले इन हिन्दुओं को अकबर की तथाकथित धर्मनिरपेक्षता के साथ जोड़कर देखा जाता है। जिससे कि पाठक के भीतर यह विश्वास पैदा हो कि अकबर वास्तव में प्रेम, अहिंसा और बन्धुत्व में विश्वास रखने वाला महान शासक था। उसके लिए मज़हब नाम की कोई चीज नहीं थी जो उसे अपने राजधर्म से विमुख कर सके।

वास्तव में अकबर के बारे में ऐसा लिखा जाना बहुत भ्रामक है। क्योंकि वास्तविकता इसके विपरीत थी। अकबर के लिए 'काफिर' काफिर था और मुस्लिम मुस्लिम था। यद्यपि वह अपने आपको सामान्य मुसलमानों से कहीं बहुत ऊपर मानता था। उसके बारे में विद्वानों की मान्यता यह भी है कि वह अपने आपको दूसरा पैगम्बर घोषित करना चाहता था। अकबर की हिन्दुओं के प्रति साम्प्रदायिक सोच को प्रकट करने वाला बदायूँनी का यह कथन बहुत कुछ स्पष्ट कर देता है:-

"हल्दी घाटी में जब युद्ध चल रहा था और अकबर की सेना से जुड़े राजपूत और राणा प्रताप की सेना के राजपूत जब परस्पर युद्धरत थे और जब उनमें यह भेद करना असम्भव हो रहा था कि कौन किस ओर है, तब मैंने शाही फौज के अपने सेनानायक से पूछा कि वह किस पर गोली चलाये? -जिससे कि शत्रु ही मरे।

तब उसकी सेना के सेनापति आसफ खाँ ने उत्तर दिया कि यह जरूरी नहीं कि गोली किसको लगती है क्योंकि दोनों ओर से युद्ध करने वाले काफिर हैं, गोली जिस किसी को भी लगेगी 'काफिर' ही मरेगा, जिससे लाभ इस्लाम को ही होगा।" (मुन्तखाब-उत-तवारीख : अब्दुल कादिर बदायूँनी, खण्ड II, अनु अकबर दी ग्रेट मुगल : वी. स्मिथ पुनः

मुद्रित 1962; हिस्ट्री एण्ड कल्चर ऑफ दी इण्डियन पीपुल, दी मुगल ऐम्पायर :आर. सी. मजूमदार, खण्ड VII, पृष्ठ 132 तृतीय संस्करण)

हिन्दुओं के प्रति जहाँगीर की नीति

अकबर का हिन्दुओं के प्रति ऐसा दृष्टिकोण केवल इसलिए था कि वह भी दारुल इस्लाम के लक्ष्य को लेकर चल रहा था। वह भी इसी सोच से प्रभावित और ग्रसित था कि सम्पूर्ण भूमण्डल इस्लाम के रंग में रंग जाए और पृथ्वी काफिरों से खाली हो जाए। यही कारण था कि उसने अपने शासनकाल में जी भरकर हिन्दुओं का विनाश किया था। उसके हिन्दुओं के प्रति इस दृष्टिकोण की जानकारी हमें उसी के बेटे जहाँगीर से प्राप्त होती है। जहाँगीर ने, अपनी जीवनी, 'तारीख-ई-सलीमशाही' में लिखा था कि "अकबर और जहाँगीर के शासन -काल में पाँच से छः लाख की संख्या में हिन्दुओं का वध हुआ था।"

(तारीख-ए-सलीम शाही, अनु. प्राइस, पृष्ठ 225-26)

इसी प्रकार के अन्य कई उदाहरण हैं जिनसे यह भी स्पष्ट हो जाता है कि अकबर की भाँति ही उसका पुत्र सलीम उपनाम जहाँगीर भी अपने शासनकाल में हिन्दुओं के प्रति निर्दयता और कठोरता का व्यवहार करने वाला ही बना रहा। उसके विषय में यही कहा जा सकता है:-

अकबर जैसा ही रहा बेटा खास सलीम।
हिन्दू दुश्मन दीन का उसकी ये तालीम।।

इतिहास को विकृत करने वाले इतिहासकारों ने चाहे जहाँगीर को भी दयालु और न्यायप्रिय शासक लिख दिया हो, पर स्मिथ ने उसके बारे में लिखा है कि "कोमलता और क्रूरता का एक विचित्र यौगिक, न्याय और सम्प्रदाय, शोधन और क्रूरता, अच्छी भावना और बचकाना।"

पिता के विरुद्ध विद्रोह करने का भाव अकबर के शासन-काल में सबसे पहली बार सलीम ने ही प्रकट किया था। बाद में प्रत्येक मुगल सम्राट के विरुद्ध उसके बेटे के द्वारा ही विद्रोह करना समझो मुगल शासन की एक 'महान परम्परा' ही बन गई थी। अपने ही पिता के विरुद्ध विद्रोह करने वाले सलीम उपनाम जहाँगीर को जब अपने बेटे खुसरो के विद्रोह का सामना करना पड़ा तो उसने पहली बार तो उसे क्षमा दान दे दिया, परन्तु दूसरी बार विद्रोह करने के उपरान्त उसने अपने पुत्र खुसरो को अंधा कर दिया।

वास्तव में मुगल शासन काल में होते रहे बेटों के इस प्रकार के विद्रोहों का कारण भी

उनके पिताओं की लम्पटता ही अधिक थी। क्योंकि सारे के सारे लम्पट और व्यभिचारी मुगल शासक हिन्दू महिलाओं को बलात् उठा-उठाकर अपनी रखैल या बेगम बनाते रहे और उनसे जो अवैध सन्तानें होती रहीं, वह कहीं शासन की दावेदार न बन जाएँ या उनके सम्भावित खतरे को भाँपकर ही राजमहलों में सत्ता षड़यंत्र रचे जाते थे।

षड़यंत्र रचे जाते रहे महलों के दरम्यान।
पिता की शत्रु बन गई अपनी ही संतान।।

हमारे प्राचीन ऋषियों ने एक पत्नी-धर्म की व्यवस्था इसीलिए की थी कि यदि अधिक पत्नियाँ रखी जाएँगी या राजा लम्पट, व्यभिचारी या व्यसनी होगा तो उसकी अनेक सन्तानों के मध्य सत्ता को लेकर संघर्ष होंगे। जिसका विपरीत प्रभाव राज्य के नागरिकों पर भी पड़ेगा। आज जनसामान्य में भी यदि संपत्ति के विवाद हैं तो उसका कारण केवल एक ही है कि आज के तथाकथित राजा अर्थात् हमारे जनप्रतिनिधि सत्ता षड़यंत्र और संपत्ति के विवादों में फंसे हुए हैं।

भारतीय समाज पर मुगलों का प्रभाव

भारतीय समाज पर मुगल शासनकाल का गम्भीर प्रभाव है। मुगल काल में आर्य-परम्परा के सर्वथा विपरीत आचरण करने वाले लम्पट शासकों को देश का पूजनीय शासक बनाने का चाहे जितना प्रयास किया गया हो, परन्तु भारतीय आर्य परम्परा की श्रेष्ठता की निकृष्टतम श्रेणी में भी ये नहीं आते।

मुगल शासकों या किसी भी मुस्लिम शासक या अंग्रेजों के बारे में यह समझ लेना चाहिए कि इन विदेशी आक्रमणकारियों का उद्देश्य न केवल भारत को अपितु भारत से अलग के वे सभी देश जो उनके अधीन रहे, पर अपना जबरन शासन थोपना था। इनका उद्देश्य किसी भी देश या जाति को नैतिकता का पाठ पढ़ाना या मानवतावादी बनाकर संसार के लिए स्वयं को और उपयोगी सिद्ध करना नहीं था।

जबकि भारत का राजधर्म दूसरों पर अनैतिक और अवैधानिक ढंग से शासन करने को अनुचित और पूर्णतया वर्जित मानता है। वह अधीनता से मुक्त करने में विश्वास रखता है। किसी भी प्रकार के शोषण, दमन, दलन और अत्याचार से मुक्ति दिलाने के लिए भारत के ऋषियों ने राज्य व्यवस्था को स्थापित किया था। जबकि मज़हब के नाम पर मुस्लिम और ईसाई शासकों ने जब-जब और जहाँ -जहाँ अपनी सत्ता स्थापित की उन्होंने दूसरे लोगों के अधिकारों का हनन किया है और उन पर अपने शासन को जबरन थोपने का अनैतिक

और अमानवीय कृत्य किया है। इतिहास को उनके इस प्रकार के कृत्यों को इसी प्रकार वर्णित करना चाहिए।

पाशविकता के नग्न नृत्य से हिंदू आतंकित रहा,
शासन की नीतियों को लेकर वह सशंकित रहा।
सुरक्षार्थ निज सम्मान के तलवार लेकर चल पड़ा,
बाजी प्राणों की लगा भयंकर हो शत्रु से लड़ा।।

जब एक जाति अमानवीय अत्याचारों को अपनाकर दूसरे लोगों का उत्पीड़न करती है और दूसरी उन अमानवीय अत्याचारों को सहन करती है तो ऐसी परिस्थिति में साम्प्रदायिक दंगे भड़कते हैं, जिनसे मानवता का बहुत भारी अहित होता है। इसी से अत्याचार सहने वाले मानव समूहों में अत्याचार करने वाले वर्ग के विरुद्ध विद्रोह के भाव पनपते हैं। भारत में तुर्क, मुगल शासकों और उनके पश्चात् अंग्रेजों के विरुद्ध यदि भारतीयों के भीतर रह रह कर विद्रोह के भाव पनपते रहे तो उसका कारण केवल यही था कि इन सबका शासन भारत में अमानवीय आचरण का प्रतिबिम्ब बन चुका था।

हिन्दुओं के प्रति जहाँगीर की नीति के उदाहरण

जहाँगीर की हिन्दुओं के प्रति अनुदारता का एक उदाहरण यह भी है कि उसने जम्मू के राजौरी क्षेत्र के रहने वाले हिन्दुओं को इस बात के लिए कठोर दण्ड दिया था कि उन्होंने मुस्लिम लड़कियों से विवाह कर लिया था। जहाँगीर ने अपने जीवन -काल में कांगड़ा के किले पर अपनी विजय पताका फहराने में जब सफलता प्राप्त की तो उसने हिन्दू राजा और उसकी हिन्दू प्रजा को अपमानित करने के दृष्टिकोण से वहाँ पर गाय कटवाकर अपना विजयोत्सव मनवाया था।

इतना ही नहीं, उसने वराह के मन्दिर के भीतर हिन्दू देवताओं के चित्रों को वहाँ से तुड़वा-फुड़वाकर पड़ोस के एक तालाब में फेंक दिया था।

।जब जहाँगीर ने पुर्तगालियों के विरुद्ध संघर्ष किया तो सभी ईसाई चर्चों को उसने बन्द करवा दिया था। इस प्रकार प्रत्येक गैर मुस्लिम के विरुद्ध उसने अपनी धार्मिक असहिष्णुता का परिचय दिया। इसी प्रकार सिक्खों के गुरु अर्जुन देव को इसलिए प्रताड़ित किया कि वह हिन्दुत्व की ध्वजा को लेकर चल रहे थे और हिन्दू जागरण का कार्य कर रहे थे। जहाँगीर नहीं चाहता था कि गुरुजी के नेतृत्व में सारा हिन्दू समुदाय उठ खड़ा हो और इस देश में राष्ट्रवाद की आंधी में मुगल सत्ता ही उखड़ जाए। यही कारण था कि उसने गुरुजी और उनके अनुयायियों पर अनगिनत अत्याचार किये। ऐसा नहीं है कि जहाँगीर ने केवल

हिन्दुओं पर ही अत्याचार किए हों, इनके अतिरिक्त दूसरे सम्प्रदायों पर भी उसकी क्रूरता निरन्तर चलती रही। भारत में सिख, जैन और बौद्ध हिन्दू वैदिक धर्म की ही एक शाखा माने जाते हैं। कानून के रूप में इन तीनों को एक ही पितृ पुरुष की सन्तान अंग्रेजों ने भी स्वीकार किया। जिससे यह तीनों हिन्दुत्व की चादर के नीचे आ जाते हैं। हिन्दू विरोध की अपनी इसी प्रकार की साम्प्रदायिक नीति का परिचय देते हुए जहाँगीर ने एक बार जैन धर्म के सभी अनुयायियों को गुजरात छोड़ने का आदेश दे दिया था।

शाहजहाँ की हिन्दू विरोधी नीति

-जहाँगीर के बाद उसके पुत्र शाहजहाँ ने उसकी विरासत को संभाला। शाहजहाँ के शासनकाल को भारत के कई वामपंथी इतिहासकारों ने स्वर्ण युग की संज्ञा दी है। यद्यपि उसमें ऐसा कुछ भी नहीं था जिसे स्वर्ण युग कहा जा सके। जिस ताजमहल को शाहजहाँ के द्वारा अपनी पत्नी मुमताज के नाम से बनवाया गया, बताया जाता है, वह भी एक कल्पना मात्र है। वास्तविकता यही है कि हिन्दू विरोध का उग्रवाद इस मुगल बादशाह की नसों में भी समाविष्ट था। शाहजहाँ की लम्पटता तो अपने पूर्ववर्ती मुगल बादशाह से भी कहीं अधिक थी। क्योंकि उसने तो अपनी वासना की आग बुझाने के लिए अपनी ही बेटी जहाँआरा को भी नहीं छोड़ा था। उसकी यह बेटी अपनी माँ मुमताज जैसी ही लगती थी।

वासना की आग में भूल गया ईमान।
मानवता बिसरा दई खो दिया सम्मान।।

अकबर ने अपने शासनकाल में यह नियम बना दिया था कि किसी भी मुगल शहजादी का विवाह नहीं किया जाएगा। इस कारण से सभी मुगल शहजादियाँ अपनी शारीरिक भूख मिटाने के लिए दरबारियों और नौकर चाकरों तक से भी अवैध सम्बन्ध बना लिया करती थीं। बेटी जहाँआरा का किसी से प्रेम न हो, इस बात का पूरा प्रबन्ध इस मुगल बादशाह ने कर दिया था, जिससे कि वह उसी की होकर रहे। लम्पट बादशाह की लम्पटता को जारी रखने में जहाँआरा भी पूरा सहयोग किया करती थी। वह हिन्दू लड़कियों को अपने जाल में फँसाकर अपने लम्पट पिता और बादशाह शाहजहाँ के सामने ला दिया करती थी।

जहाँआरा की सहायता से शाहजहाँ ने मुमताज के भाई शाइस्ता खान की पत्नी से कई बार बलात्कार किया था।

यह भी कहा जाता है कि शाहजहाँ के राजज्योतिष की 13 वर्षीय ब्राह्मण लड़की को जहाँआरा ने अपने महल में बुलाकर धोखे से नशा कराकर बाप के हवाले कर दिया था।

जिससे शाहजहाँ ने 58 वें वर्ष में उस 13 वर्ष की ब्राह्मण कन्या से निकाह किया था। 3 वर्ष की उस मासूम ने इस लम्पट बादशाह की वासना का भरपूर विरोध किया था, पर उसकी एक भी न चली। बाप भी मन-मसोसकर रह गया था।

बाद में इसी ब्राह्मण कन्या ने शाहजहाँ के कैद होने के बाद औरंगजेब से बचने और एक बार फिर से उसकी वासना की शिकार बनने से स्वयं को बचाने के लिए अपने ही हाथों से अपने चेहरे पर तेजाब डाल लिया था। सचमुच उस बच्ची का यह बहुत बड़ा साहस था। जिसने अपने सम्मान और शील की रक्षा के लिए जल्लाद बादशाहों के चंगुल से बचने के लिए इतना कठोर निर्णय ले लिया था। सौंदर्य के उपासक इस तथाकथित लम्पट बादशाह ने कितनी ही सुन्दरियों को नरक की जीवन जीने के लिए अभिशप्त कर दिया था, क्योंकि कहा जाता है कि उसके हरम में 8000 महिलाएँ थीं। इनमें से अधिकांश महिलाएँ हिन्दू परिवारों से थीं।

शाहजहाँ ने रख लिया था अपना नाम द्वितीय तैमूर

शाहजहाँ ने अपना नाम द्वितीय तैमूर भी रख लिया था। इसके पीछे उसका कारण केवल यही था कि वह तैमूर की क्रूरता व निर्दयता को अपना आदर्श मानता था और उसने उसी प्रकार के आचरण और व्यवहार को अपने जीवन का श्रृंगार बनाकर उसे हिन्दुओं के प्रति व्यावहारिक जीवन में अपनाया था। अपने आपको द्वितीय तैमूर के नाम से पुकारने में उसे आनन्द आता था। इस तथ्य का पता हमें 'दी लीगेसी ऑफ मुस्लिम रूल इन इण्डिया, डॉ.. के. एस. लाल, 1992 पृष्ठ-132 से चलता है।

जब हिन्दुओं की महिलाओं से मौज मस्ती करने को मज़हब का अधिकार पत्र मिलता हो और जब उन्हें केवल अपनी खेती समझने का भूत सिर पर सवार हो तो यौवन में कौन ऐसा मुसलमान होगा जो इन सब चीजों का आनन्द लेना नहीं चाहेगा? -निश्चय ही अपनी किशोरावस्था से ही शाहजहाँ हिन्दू अर्थात् काफिरों के प्रति घृणा से पूर्णतया भर गया था।

इतिहासकारों ने लिखा है कि "शहजादे के रूप में ही शाहजहाँ ने फतेहपुर सीकरी पर अधिकार कर लिया था और आगरा शहर में हिन्दुओं का भीषण नरसंहार किया था।"

निश्चय ही शहजादा ने ऐसा कार्य काफिरों के नरसंहार करने में मिलने वाले आनन्द को अनुभव करने के लिए ही किया था, जिससे कि वह गाजी बन सके और उसे जन्नत में जाने का अधिकार प्राप्त हो सके।

उस समय भारत की यात्रा पर इटली से एक देला वैले नामक धनी व्यक्ति आया था। उसने बहुत कुछ ऐसे संस्मरण लिखे हैं, जिनसे समकालीन इतिहास पर प्रकाश पड़ता है।

उसने शाहजहाँ के बारे में लिखा है कि "शाहजहाँ की सेना ने भयानक बर्बरता का परिचय कराया था। हिन्दू नागरिकों को घोर यातनाओं द्वारा अपने संचित धन को दे देने के लिए विवश किया गया, और अनेकों उच्च कुल की कुलीन हिन्दू महिलाओं का शील भंग किया गया।"

(कीन्स हैण्ड बुक फॉर विजिटर्स टू आगरा एण्ड इट्स नेबरहुड, पृष्ठ 25)

'बादशाहनामा' में लिखा था-"महामहिम शहंशाह महोदय की सूचना में लाया गया कि हिन्दुओं के एक प्रमुख केन्द्र, बनारस में उनके अब्बा हुज़ूर के शासनकाल में अनेकों मन्दिरों के पुनः निर्माण का काम प्रारम्भ हुआ था और काफिर हिन्दू अब उन्हें पूर्ण कर देने के निकट आ पहुँचे हैं।

-इस्लाम पंथ के रक्षक, शहंशाह ने आदेश दिया कि बनारस में और उनके सारे राज्य में अन्यत्र सभी स्थानों पर जिन मन्दिरों का निर्माण कार्य आरम्भ है, उन सभी का विध्वंस कर दिया जाए।

इलाहाबाद प्रदेश से सूचना प्राप्त हो गई कि जिला बनारस के छिहत्तर मन्दिरों का ध्वंस कर दिया गया था"

(बादशाहनामा : अब्दुल हमीद लाहौरी, अनुवाद एलियट और डाउसन,खण्ड VII, पृष्ठ 36)

"हिन्दू मंदिरों को अपवित्र करने और उन्हें ध्वस्त करने की प्रथा ने शाहजहाँ के काल में एक व्यवस्थित विकराल रूप धारण कर लिया था।"

(मध्यकालीन भारत हरिश्चंद्र वर्मा पेज-141)

"कश्मीर से लौटते समय सन 1632 में शाहजहाँ को बताया गया कि अनेक मुस्लिम बनायी गयी महिलायें फिर से हिन्दू हो गई हैं और उन्होंने हिन्दू परिवारों में शादी कर ली है।

इतिहास के शोधार्थियों का निष्कर्ष है कि "शहंशाह के आदेश पर इन सभी हिन्दुओं को बन्दी बना लिया गया। प्रथम उन सभी पर इतना आर्थिक दण्ड थोपा गया कि उनमें से कोई भुगतान नहीं कर सका।

तब इस्लाम स्वीकार कर लेने और मृत्यु में से एक को चुन लेने का विकल्प दिया गया। जिन्होंने धर्मान्तरण स्वीकार नहीं किया, उन सभी पुरुषों का सर काट दिया गया। लगभग चार हजार पाँच सौ महिलाओं को बलात् मुसलमान बना लिया गया और उन्हें सिपहसालारों, अफसरों और शहंशाह के नजदीकी लोगों और रिश्तेदारों के हरम में भेज दिया गया।"

(हिस्ट्री एण्ड कल्चर ऑफ दी इण्डियन पीपुल आर.सी. मजूमदार, भारतीय विद्या भवन, पृष्ठ 312)

सन 1657 में शाहजहाँ बीमार पड़ा और उसी के बेटे औरंगजेब ने उसे उसकी रखैल जहाँआरा के साथ आगरा के किले में बन्द कर दिया। औरंगजेब ने एक आदर्श बेटे का भी फर्ज निभाया और अपने बाप की कामुकता को समझते हुए उसे अपने साथ 40 रखैलें रखने की इजाजत दे दी और दिल्ली आकर उसने बाप की हजारों रखैलों में से कुछ गिनी चुनी औरतों को अपने हरम में डालकर शेष सभी को उसने किले से बाहर निकाल दिया।

कहा जाता है कि औरंगजेब के द्वारा भगाई गई उन हजारों महिलाओं को भी दिल्ली के उसी हिस्से में शरण मिली, जिसे आज दिल्ली का रेड लाईट एरिया जीबी रोड कहा जाता है। इस प्रकार जी0बी0 रोड का यह क्षेत्र शान्ति के पुजारी और स्वर्ण युग को भारत में स्थापित करने वाले शाहजहाँ की ही एक ऐसी देन है, जो उसके शासनकाल में नारियों की दयनीय स्थिति को आज भी स्पष्ट करने के लिए पर्याप्त है। इतिहासकारों ने जहाँ ताजमहल और लालकिले को बनाने का झूठा श्रेय शाहजहाँ को दिया है, वहाँ किसी ने भी इस सच को स्पष्ट करने का नैतिक साहस नहीं दिखाया कि जी0बी0 रोड पर जो कुछ आज तक होता रहा है वह भी शाहजहाँ की ही देन है।

जो बताते ताज को विरासत मुगलिया काल की,
बड़ी शान से लिखते कहानी जो किले लाल की।
कौन उनमें से लिखेगा हालत इस जीबी रोड की,
जहाँ नीलाम होती इज्जतें औरत के इकबाल की।।

शाहजहाँ की मृत्यु आगरे के किले में ही 22 जनवरी 1666 ईस्वी में 74 वर्ष की अवस्था में 'द हिस्ट्री चैनल' के अनुसार अत्यधिक कामोत्तेजक दवाएँ खा लेने के कारण हुई थी।

औरंगज़ेब का आतंकी शासन

औरंगजेब का इतिहास में एक क्रूरतम मुगल बादशाह के रूप में स्थान है। उसने हिन्दुओं के प्रति मज्जहबी क्रूरता और निर्दयता की सभी सीमाएँ पार कर दी थीं। यद्यपि वामपंथी और मुस्लिम इतिहासकारों की दृष्टि में उसे भारत के उदारतम शासकों में से एक माना गया है और ऐसे प्रयास किए गए हैं कि उसकी क्रूरता और निर्दयता को उसकी तथाकथित उदारता के समक्ष नगण्य कर दिया जाए। मुगल काल के इस शासक ने सन

1658 से लेकर 1707 ईस्वी तक शासन किया। उसने अपनी सारी राजनीतिक व्यवस्था को इस्लामिक चोला पहनाने का हरसम्भव प्रयास किया। यही कारण था कि उसने अपने कानून को भी 'फतवा -ए-आलमगीरी' का नाम दिया। इस 'फतवा ए-आलमगीरी' नामक कानून में शरीयत की वे सारी व्यवस्थाएँ सम्मिलित की गई थीं जो गैर मुस्लिमों के प्रति शासक को अत्याचार करने की खुली छूट प्रदान करती हैं। 'फतवा -ए-आलमगीरी' की इन व्यवस्थाओं के चलते भी जिन इतिहासकारों ने औरंगजेब के शासन को भारत के लिए वरदान सिद्ध करने का प्रयास किया है, उनके ऐसे प्रयासों पर सचमुच तरस आता है।

औरंगजेब ने अपनी इस शरीयती कानून व्यवस्था के अनुसार शासन करते हुए गैर-मुस्लिमों के अधिकार अत्यंत सीमित कर दिए। इस व्यवस्था को लागू होते ही मुस्लिमों को हिन्दुओं की संपत्ति पर जबरन कब्ज़ा कर लेने, स्त्रियों को गुलाम बना लेने आदि जैसे कई अधिकार भी प्राप्त हो गए।

- हिन्दुओं का उत्पीड़न करने और उन्हें मुस्लिम बनाने के दृष्टिकोण से औरंगजेब ने गैर मुस्लिम प्रजाजनों पर असीमित अत्याचार किए। उनके साथ असमानता का बर्ताव किया गया। मुस्लिमों को कुछ विशेष सुविधाएँ प्रदान की गईं और काफिरों के मौलिक अधिकारों का हनन किया गया। सन् 1665 से हिन्दू व्यापारियों से दोगुनी चुंगी वसूली जाने लगी और मुस्लिम व्यापारियों के लिए चुंगी माफ़ कर दी गई। सन् 1679 में औरंगजेब ने हिन्दुओं पर 'जजिया' कर लागू किया। यह 'जजिया' कर वास्तव में हिन्दुओं का खून निचोड़ने का एक ऐसा यन्त्र था, जिसे प्रत्येक मुस्लिम बादशाह या सुल्तान ने अपने शासनकाल में उन पर लगाया था। औरंगजेब के शासनकाल में तो इसे और भी अधिक निर्दयता के साथ लागू किया गया। जिससे उनकी हड्डियों तक से रक्त निचोड़ लिया जाए अर्थात् उनकी आर्थिक, सामाजिक और राजनीतिक जीवन व्यवस्था को पूर्णतया नष्ट भ्रष्ट कर दिया जाए और उन्नति के सभी मार्ग अवरुद्ध कर दिए जाएँ।

औरंगजेब अपने अधिकारियों पर भी पूर्ण निगरानी रखता था, जिससे कि वह उसकी हिन्दू प्रजा के साथ किसी प्रकार की उदारता का व्यवहार न कर सकें। यदि कोई अधिकारी हिन्दुओं के प्रति उदारता का व्यवहार करता हुआ पाया जाता था तो उसके साथ भी कठोर यातना भरी कार्यवाही की जाती थी। हिन्दुओं को धार्मिक उत्पीड़न का शिकार बनाते हुए औरंगजेब ने उनके सभी धार्मिक त्योहारों को मनाने पर प्रतिबन्ध लगा दिया था। दीपावली सहित कोई भी धार्मिक त्योहार हिन्दू अब मना नहीं सकते थे। हिंदुओं के धार्मिक आयोजनों को भी उसने बन्द करवा दिया था। इतना ही नहीं हिन्दू प्रजा में हीन भावना उत्पन्न करने के दृष्टिकोण से औरंगजेब ने हिन्दुओं के पालकियों में बैठने या हाथियों व

अरबी घोड़ों की सवारी करने का अधिकार भी उनसे छीन लिया था।

किया धर्म स्थलों का विध्वंस

औरंगजेब ने हिन्दुओं के धर्म स्थलों का विध्वंस करने में भी गहरी रुचि दिखाई थी। वह हिन्दुस्तान को दारुल इस्लाम में परिवर्तित कर देना चाहता था। इस दृष्टिकोण से हिन्दू धर्म-स्थल उसकी आँखों में काँटे की भाँति चुभते थे। अपने इसी उद्देश्य की प्राप्ति के लिए औरंगजेब ने हिन्दू धर्म स्थलों का विध्वंस कराना अपनी सरकारी नीति का एक अंग ही बना लिया था।

हिंदुओं की आस्था का नहीं दीखा मोल।
मसल दई पैरों तले, रोकर बजते ढोल।।

12 सितंबर 1667 को उसने दिल्ली के कालकाजी मन्दिर का विध्वंस करने का सरकारी अर्थात् शाही फरमान जारी किया था। समकालीन लेखकों, इतिहासकारों के विवरण से जानकारी मिलती है कि 9 अप्रैल 1669 को उसने अपने राज्य के सभी हिन्दू मन्दिरों व हिन्दू पाठशालाओं को तोड़ देने का आदेश दिया था। ऐसा करने का उद्देश्य केवल यह था कि हिन्दू जब अपने धर्म स्थलों में नहीं जा सकेंगे तो वह देर सवेर इस्लाम की शरण में आने के लिए बाध्य हो जाएँगे। जिससे सारे भारतवर्ष में इस्लाम का तेजी से प्रचार-प्रसार होने में सहायता मिलेगी। इसके अतिरिक्त हिन्दू धर्म स्थलों के विध्वंस का एक कारण यह भी था कि ईश्वर या अल्लाह मन्दिरों में नहीं मस्जिदों में रहता है और कुरान पाक द्वारा उसे प्राप्त करने की जो व्यवस्था बताई गई है वहीं अंतिम है। उसके अतिरिक्त यदि कोई अन्य मज़हब का व्यक्ति अपनी मज़हबी प्रार्थना करता है तो वह पूर्णतया अनुचित है।

मथुरा के प्रसिद्ध मन्दिर को तोड़ा गया

औरंगजेब को यह भली प्रकार जानकारी थी कि उसके पूर्वज बाबर ने किस प्रकार 1528 ई0 में भारतीय इतिहास के महानायक श्री रामचन्द्र जी के मन्दिर को अयोध्या में तुड़वाया था। अब उसे भी मुस्लिमों के बीच लोकप्रिय होने के लिए मथुरा में श्री कृष्ण के भव्य मन्दिर को तोड़ने का विचार आया। जिससे वह भी उतना ही पुण्य लाभ अर्जित कर सके जितना उसके पूर्वज बाबर को श्री रामचन्द्र जी के मन्दिर को तोड़ने से मिला था।

अपने इसी उद्देश्य की पूर्ति के लिए औरंगजेब ने जनवरी 1670 में मथुरा के प्रसिद्ध केशव राय मन्दिर को नष्ट करके वहाँ एक मस्जिद बनवायी थी। इस घटना को इतिहास में बहुत छोटी सी घटना के रूप में उल्लेखित किया गया है। जबकि श्री रामचन्द्र जी के

अयोध्या स्थित मन्दिर को तोड़ने के बाद की भारतीय इतिहास की यह बहुत महत्वपूर्ण घटना थी। क्योंकि भारतीय इतिहास के इन दोनों महानायकों अर्थात् श्री रामचन्द्र जी और श्री कृष्ण जी के प्रति भारत की जनता असीम श्रद्धा भाव रखती थी और उन्हें भगवान के रूप में पूजती थी।

हिंदुओं के लिए अविस्मरणीय घटना

अपने इन दोनों इतिहासनायकों के साथ मुगल बादशाहों के द्वारा किए गए इस प्रकार के अपमानजनक व्यवहार को देश का हिन्दू मानस कभी भूल नहीं पाया। वह रह-रहकर अपने आक्रोश और क्षोभ को व्यक्त करता रहा और जब -जब उसे कहीं पर भी अवसर मिला तो उसने मुस्लिमों के विरुद्ध अपना आक्रोश और क्षोभ व्यक्त करने में किसी प्रकार की कमी नहीं छोड़ी। हिन्दुओं के भीतर अपमान और तिरस्कार का भाव भरा हुआ था और वह उसे समय-समय पर व्यक्त करने से चूकते नहीं थे। इतिहास लेखकों की दुष्टता ने कभी मुगल बादशाहों के इन अत्याचारों का उल्लेख तो नहीं किया पर उन्होंने बार-बार हिन्दुओं के आक्रोश और क्षोभ को साम्प्रदायिक आक्रोश व क्षोभ के रूप में अवश्य व्यक्त करने का प्रयास किया है। जबकि सच यह था कि मुगलों के अपमानजनक व्यवहार से उत्पीड़ित हिन्दू जनमानस अपना आक्रोश और क्षोभ अपनी कुण्ठा को व्यक्त करते हुए करता था। जिससे देश में साम्प्रदायिक दंगों का क्रम चलता रहा।

भारतीय जनमानस में वाराणसी के श्री विश्वनाथ मन्दिर के प्रति भी असीम श्रद्धा प्रारम्भिक काल से ही रही है। औरंगजेब ने हिन्दुओं की आस्था के इस परम केन्द्र को भी नष्ट करने का मन बना लिया था। क्योंकि वह हर स्थिति में हिन्दुओं के मर्म पर प्रहार करने की योजनाएँ बनाता था, जिससे कि हिन्दू अत्यधिक दुखी हों। फलस्वरूप उसने मथुरा के मन्दिर के विध्वंस के कुछ समय पश्चात् वाराणसी के श्री विश्वनाथ मन्दिर और सोमनाथ के प्रसिद्ध मन्दिर को ढहाने का आदेश भी जारी किया। काशी विश्वनाथ के इस मन्दिर के विध्वंस के पश्चात् हिन्दू जनता बहुत अधिक बेचैन हो गई थी। उसने अपने इस अपमान का प्रतिशोध लेने का बार-बार प्रयास किया था।

वामपंथी और कांग्रेसी इतिहासकारों की दृष्टि में भारतवर्ष के उदार बादशाह औरंगजेब ने राजस्थान की हिन्दू जनता को भी अपने धार्मिक उत्पीड़न का शिकार बनाया था। राजस्थान के उदयपुर और मारवाड़ के क्षेत्र में हिन्दुओं के लगभग 300 मन्दिर उसकी धार्मिक नीति का शिकार हुए। जिस कारण उसने सन 1679 में अपना एक शाही फरमान जारी कर इन सभी हिन्दू मन्दिरों के विध्वंस करने का निर्णय लिया। हिन्दू मन्दिरों की रक्षा

करते हुए अनेकों हिन्दुओं ने अपने बलिदान दिए, परन्तु वे क्रूर औरंगजेब की निर्दयी तलवार का अधिक देर तक सामना नहीं कर पाए, फलस्वरूप बादशाह के सैनिक इन सभी मन्दिरों को तोड़ फोड़कर नष्ट करने में सफल हो गए। औरंगजेब के आदेश से ही चित्तौड़ में 63 मन्दिरों को ढहा दिया गया था।

सर्वत्र मन्दिर नष्ट किए जाते रहे

यदि औरंगजेब के शासनकाल और उसकी धार्मिक नीति की समीक्षा की जाए तो पता चलता है कि उसने भारत को हिन्दूविहीन और हिन्दू धर्म स्थलों से शून्य कर देने के हर उपाय पर विचार किया। वह भारत के विभिन्न क्षेत्रों में उस समय एक मन्दिर-भक्षी की भाँति शिकार करता हुआ घूम रहा था। जहाँ भी उसे यह पता चलता था कि अमुक स्थान पर हिन्दुओं के अमुक महापुरुष के द्वारा स्थापित कोई धर्म स्थल है तो वह वहाँ फुफकारते हुए नाग की भाँति जा खड़ा होता और उसे नष्ट करवा डालता।

पसरा मातम देश में खुशी चली गई दूर।
मानो हमसे खो गया दिल का कोहिनूर।।

अपनी इसी नीति पर चलते हुए औरंगजेब ने 1 जून 1681 को उड़ीसा के पवित्र जगन्नाथ मन्दिर को पूर्णतः नष्ट कर देने का सरकारी आदेश जारी किया। जिन लोगों ने औरंगजेब के इस आदेश का विरोध किया उन्हें तलवार से मौत के घाट उतार दिया गया। इसके अतिरिक्त उनके विरुद्ध वे सारे अत्याचार किए गए जो इस्लाम में 'गाजी' पद पाने या इस्लाम की खिदमत करने के लिए किए जाने हेतु न्याय संगत माने गए हैं।

औरंगजेब की कोपदृष्टि से दक्षिण भारत के हिन्दू धर्म स्थल भी बच नहीं पाए थे। सितम्बर 1681 ईस्वी में जब औरंगजेब ने अपनी कथित विजयों के लिए दक्षिण अभियान पर चलने का निर्णय लिया तो उस समय भी उसने अपने सैनिकों व सेनापतियों को यह आदेश जारी कर दिया था कि मार्ग में जितने भी हिन्दू धर्म स्थल पड़ते हैं उन सबको नष्ट कर दिया जाए और उनका विरोध करने वाले काफिरों को भी निर्ममता के साथ मौत के घाट उतार दिया जाए। सितम्बर 1682 में उसने बनारस के प्रसिद्ध बिन्दु-माधव मन्दिर को तोड़ने का आदेश भी जारी किया।

औरंगजेब की धार्मिक कट्टरता

इस प्रकार औरंगजेब ने अपनी धार्मिक कट्टरता का परिचय देते हुए भारतवर्ष के अनेक हिन्दू मन्दिरों को भी नष्ट करवाया और उनके स्थान पर मस्जिदें खड़ी करवा दीं। उसे

हिन्दू धर्म स्थलों के विनाश में एक बहुत ही गहरी आनन्दानुभूति होती थी। जिसे अनुभव करने के लिए वह बार-बार ऐसा करता था। वह अपने आपको इस्लाम का सेवक मानता था। इस्लाम की इससे बड़ी कोई सेवा नहीं हो सकती कि काफिरों के धर्म स्थलों का विनाश किया जाए और उनका जबरन धर्मांतरण कर इस्लाम का प्रचार प्रसार और विस्तार किया जाए। अपने आपको इस्लाम का सेवक सिद्ध करने के दृष्टिकोण से उसने इस्लाम की इस प्रकार की सेवा करने को अपना जीवन व्रत बना लिया था।

हिन्दुओं की दृष्टि में औरंगजेब आज भी खलनायक हैं

यही कारण है कि वह इस्लाम के मानने वालों की दृष्टि में आज भी एक बहुत ही उत्कृष्ट कोटि का शासक है, जबकि उसके अत्याचारों को सहन करने वाले हिन्दुओं की दृष्टि में वह आज भी एक कट्टर असहिष्णु और अत्याचारी शासक है। भारत में एक वर्ग की दृष्टि में औरंगजेब इतिहास का नायक है तो दूसरे की दृष्टि में वह इतिहास का खलनायक है। दृष्टिकोण के इस अन्तर के कारण भी भारत में सांप्रदायिक दंगे होते रहे हैं।

औरंगजेब का तत्कालीन हिन्दू समाज ने बहिष्कार कर दिया था। उसके प्रति घृणा का भाव सर्वत्र पाया जाता था। चाहे पंजाब के सिक्ख हों (हमने यहाँ पर पंजाब के सिक्ख गुरुओं के साथ औरंगजेब के द्वारा किए गए अत्याचारों का जानबूझकर उल्लेख नहीं किया है, क्योंकि उसकी सिक्खों के प्रति नीति पर तो बहुत कुछ पढ़ने को प्राप्त हो जाता है) और चाहे आसाम के अहोम शासक हों, सभी के भीतर उसके प्रति गहरी घृणा का भाव था। गहरी घृणा का यह भाव केवल साम्प्रदायिक आधार पर नहीं था बल्कि यह इसलिए भी था कि पंजाब और आसाम वाले अपने आपको एक ही राष्ट्र परम्परा से बंधे हुए पाते थे। यदि आसाम में किसी व्यक्ति को काँटा चुभता था तो उसका दर्द पंजाब वालों को होता था, इसी प्रकार पंजाब वालों के कष्ट को आसाम वाले अनुभव करते थे। इस राष्ट्रीय भावना के कारण औरंगजेब को कभी भी राष्ट्रीयनायक का सम्मान प्राप्त नहीं हो पाया। निश्चय ही उसकी आत्मा आज तक भी इस सम्मान को प्राप्त करने के लिए तड़पती होगी।

यद्यपि वामपंथी और कांग्रेसी इतिहासकारों ने उसकी आत्मा की तड़पन को समझते हुए उसे राष्ट्रनायक या भारत रत्न के रूप में स्थापित करने का हरसम्भव प्रयास किया है, परन्तु देश की जनता है कि उसे आज तक भी राष्ट्र नायक मानने को तैयार नहीं है।

औरंगजेबवादी सोच और भारतीय समाज

जिन लोगों ने औरंगजेब को इतिहासनायक या राष्ट्र नायक के रूप में स्थापित करने का प्रयास किया और माना, वे लोग अपना अलग देश लेने में सफल हो गए। आज भी

जो लोग औरंगजेब को अपना इतिहास नायक या राष्ट्रनायक मान रहे हैं वह भी एक नया देश लेने की तैयारी में हैं। देश में जहाँ -जहाँ पर हिन्दू पर अत्याचार हो रहे हैं या जहाँ जहाँ से हिन्दू को पलायन करने के लिए विवश किया जा रहा है, वहीं-वहीं पर औरंगजेब वादी सोच के लोग अपना वर्चस्व स्थापित करने में सफल होते देखे गए हैं।

इस प्रकार औरंगजेब अपने जीवन भर तो विखण्डन, विभाजन और विघटन का प्रतीक रहा ही अपने मरने के पश्चात् भी वह विखण्डन, विभाजन और विघटन का ही प्रतीक बना हुआ है। इसी की सोच को आगे लेकर चलने वाले सर सैयद अहमद खान जैसे लोगों ने देश में सबसे पहले द्विराष्ट्रवाद की बात रखी थी।

हिन्दू राष्ट्रनायकों ने किया था भारी विरोध

औरंगजेब की नीतियों का विरोध करने के लिए उस समय अनेकों शिवाजी, गुरु तेग बहादुर, गुरु गोविंद सिंह और बंदा वीर बैरागी जैसे हिन्दू नेता मैदान में छाती तानकर खड़े हो गए थे। जिसका देश के जनमानस ने स्वागत और सत्कार किया था। इतिहास की परम्परा को चाहे इतिहास लेखकों ने कितना ही क्यों न प्रदूषित कर दिया हो पर शिवाजी और बंदा वीर बैरागी के प्रति हिन्दू जनमानस में जिस प्रकार का श्रद्धा भाव आज भी मिलता है, उससे यह सहज ही अनुमान लगाया जा सकता है कि उस समय के हिन्दू समाज ने अपने इन दोनों इतिहासनायकों का किस प्रकार सम्मान किया होगा और इन्होंने उस समय हिन्दू जनता पर हो रहे इस्लामिक अत्याचार का सामना करके कितनी बड़ी वीरता का परिचय दिया होगा?

अपनी इसी प्रकार की वीरता का प्रदर्शन करते हुए गुरु गोविंद सिंह ने अपने चार बेटों का बलिदान दिया। गुरु तेगबहादुरजी ने अपना बलिदान दिया तो शिवाजी ने तो मुगल बादशाहत को समाप्त करने का बीड़ा ही उठा लिया था।

यह कम आश्चर्य की बात नहीं है कि औरंगजेब की मृत्यु के ठीक 30 वर्ष पश्चात् शिवाजी के उत्तराधिकारियों ने मुगल वंश को लगभग समाप्त कर आज के भारत वर्ष के बहुत बड़े भाग पर अपना शासन स्थापित करने में सफलता प्राप्त कर ली थी। सन 1637 की इस घटना को वास्तव में देश की पहली आजादी कहा जाए तो कोई अतिशयोक्ति नहीं होगी।

वास्तव में पंजाब के गुरुओं और वीर शिवाजी के उत्तराधिकारियों के इस प्रयास से हिन्दुओं को मिली यह सफलता मुगलों के दंगों से भरे इतिहास पर प्राप्त की गई एक विजय थी। जिसे सही अर्थ और सन्दर्भ देकर सही ढंग से हमारे इतिहास में स्थान नहीं दिया गया है।

दक्षिण भारत का औरंगजेब टीपू सुल्तान

वामपंथी इतिहासकारों ने टीपू सुल्तान जैसे धार्मिक असहिष्णु, मज़हबपरस्त शासक को भी धर्मनिरपेक्ष दिखाने का प्रयास किया है। जबकि उसके बारे में सच यह है कि वह हिन्दुओं का उत्पीड़न करने के मामले में दक्षिण भारत का औरंगजेब था। उसने अपने शासनकाल में लाखों हिन्दुओं का धार्मिक उत्पीड़न किया। उनके प्रति धार्मिक असहिष्णुता और अपनी धर्मांधता का परिचय देते हुए टीपू सुल्तान ने लाखों हिंदुओं को धर्मान्तरित कर मुसलमान बनाया। टीपू सुल्तान ने औरंगजेब की भाँति ही हिन्दुओं के अनेकों मन्दिरों का विध्वंस किया। जिससे यह नहीं कहा जा सकता कि वह हिन्दुओं के प्रति सहिष्णु और उदार शासक था।

2015 में आरएसएस के मुखपत्र पाँचजन्य में इसी आशय का एक लेख छपा था जिसमें टीपू सुल्तान की जयंती के विरोध में उसको दक्षिण का औरंगजेब बताया गया है, जिसने जबरन लाखों लोगों का धर्मांतरण कराया।

टीपू सुल्तान की धर्मांधता और धार्मिक असहिष्णुता की नीति के बारे में विदेशी विद्वानों ने भी लिखा है। उनके उल्लेख और तथ्यों से यह स्पष्ट होता है कि वह भी अन्य मुस्लिम शासकों की भाँति हिन्दुओं के प्रति कठोरता की नीति का पालन करने का समर्थक था। 19 वीं सदी में ब्रिटिश सरकार के अधिकारी और लेखक विलियम लोगान ने अपनी किताब 'मालाबार मैनुअल' में लिखा है कि टीपू सुल्तान ने अपने 30000 सैनिकों के दल के साथ कालीकट में विध्वंस मचाया था। टीपू सुल्तान ने पुरुषों और महिलाओं को सार्वजनिक, स्थानों पर फाँसी दी और उनके बच्चों को उन्हीं के गले में बाँध कर लटकाया गया। इस किताब में विलियम ने टीपू सुल्तान पर मंदिर, चर्च तोड़ने और जबरन शादी जैसे कई आरोप भी लगाए हैं।

1964 में प्रकाशित किताब 'लाइफ ऑफ टीपू सुल्तान' में कहा गया है कि सुल्तान ने मालाबार क्षेत्र में एक लाख से अधिक हिन्दुओं और 70000 से अधिक ईसाइयों को मुस्लिम धर्म अपनाने के लिए बाध्य किया।

❒

अध्याय-9

मज़हब और क्रूसेड युद्ध अर्थात् धार्मिक युद्ध

मज़हब के नाम पर ईसाइयों, यहूदियों और मुसलमानों के बीच एक से एक बढ़कर खूनी संघर्ष हुए हैं। जिनमें मानवता का भारी अहित हुआ है। लाखों लोगों को इन युद्धों में या तो अपने प्राण गँवाने पड़े या फिर विस्थापित होने के लिए विवश होना पड़ा। बड़ी संख्या में लोगों के धर्मांतरण किए गए और जिन लोगों ने धर्म परिवर्तन से मना किया, उनके साथ अमानवीय और पैशाचिक अत्याचार किए गए। इनकी वीभत्सता को देखकर मानवता भी कराह उठी।

ध्यान रहे कि ईसाइयत और इस्लाम दोनों ही अपने आपको शांति का धर्म कहते हैं और इस बात के लिए अपनी पीठ को स्वयं ही थपथपाते रहते हैं कि उन्होंने ही संसार को सभ्यता और संस्कृति सिखाई है। ये दोनों ऐसा भी दावा करते हैं कि संसार में मानवता और मानवीय मूल्यों को भी उन्होंने ही स्थापित किया है और इन सब बातों को लेकर उनका एक गौरवपूर्ण अतीत है। जबकि 300 वर्ष तक इन दोनों ने जिस प्रकार मानवता का संहार किया है, उसकी जिम्मेदारी लेने से ये भागते हैं। यद्यपि यह इतिहास का एक क्रूर सत्य है।

'मज़हब नहीं सिखाता आपस में बैर रखना'-का राग अलापने वाले लोगों को इन धर्मयुद्धों में हुए भारी विनाश को अवश्य पढ़ना व समझना चाहिए।

'विकिपीडिया' के अनुसार यूरोप के ईसाइयों ने 1095 और 1291 ई0 के बीच अपने धर्म की पवित्र भूमि फिलिस्तीन और उसकी राजधानी जेरूसलम में स्थित ईसा की समाधि का गिरजाघर मुसलमानों से छीनने और अपने अधिकार में करने के प्रयास में जो युद्ध किए उनको सलीबी युद्ध, ईसाई धर्मयुद्ध, क्रूसेड अथवा क्रूस युद्ध कहा जाता है। इतिहासकार ऐसे सात क्रूस युद्ध मानते हैं।

जेरूसलम नगर की स्थिति

जेरूसलम नगर में एक बड़ा गिरजाघर था। जिसे रोम के प्रथम ईसाई सम्राट् कोंस्टेंटैन की माँ ने ईसा की समाधि के पास चौथी सदी में बनवाया था। वास्तव में जेरूसलम या कोई अन्य ऐतिहासिक स्थल हो, ये सभी कभी न कभी आर्य राजाओं के अधीन रहे हैं। जब आर्य राजाओं का शासन, प्रशासन और अनुशासन ढीला पड़ा तो यहाँ पर विभिन्न संप्रदायों ने विकास करना आरम्भ किया। कालांतर में जब यह स्थान ईसाई सम्प्रदाय के अधीन हुए तो यहाँ पर उन्होंने अपने-अपने ढंग से अपने धर्म स्थल स्थापित किए।

जब यह क्षेत्र रोम के साम्राज्य का हिस्सा बना तो उसके शासक चौथी सदी से ईसाई मतावलम्बी हो गए थे। इसके पश्चात् अगले 300 वर्ष तक यहाँ पर ईसाई लोग अपने ढंग से शासन करते रहे और यहाँ के समाज को अपने धार्मिक रीति रिवाज और मान्यताओं के आधार पर शासित करते रहे। आगे चलकर जब 610 ईस्वी में इस्लाम की स्थापना हुई तो ईसाइयत और संसार में उस समय प्रचलित अन्य सम्प्रदायों और उनकी सत्ताओं के लिए खतरे की घंटी थी, क्योंकि इस सम्प्रदाय ने प्रारम्भ से ही अपने प्रचार-प्रसार और विस्तार पर कार्य करना आरम्भ कर दिया था। जिसके चलते इन दोनों सम्प्रदायों के मध्य टक्कर होनी ही थी। सातवीं शताब्दी में इस्लाम ने अपनी विस्तारवादी योजना पर बड़ी तीव्रता से काम करना आरम्भ किया। पैगम्बर के उत्तराधिकारी खलीफाओं ने अपने निकटवर्ती और दूरस्थ देशों पर अपना शासन स्थापित करने में अप्रत्याशित रूप से सफलता प्राप्त करनी आरम्भ की। जिससे उनका मनोबल बढ़ता गया और उनकी लूट व डकैती की भावना भी बलवती होती चली गई। जब इस्लाम के नाम पर साम्प्रदायिक अत्याचार करता हुआ मुसलमानों का यह बेड़ा फिलिस्तीन की ओर बढ़ा तो उसे फिलिस्तीन को अपने अधीन करने में मात्र 10 वर्ष का ही समय लगा।

टकराव की प्रारम्भिक अवस्था

इस प्रकार ईसाइयों का यह पवित्र धर्मस्थल मुसलमानों के अधिकार क्षेत्र में आ गया। कुछ समय तक तो मुसलमानों ने यहूदियों को अपने इस धर्म स्थल पर अपनी पूजा पाठ करने में कोई किसी प्रकार की विशेष बाधा उत्पन्न नहीं की, परन्तु धीरे-धीरे जब उनका चारों ओर वर्चस्व स्थापित हो गया तो 11 वीं सदी में यह स्थिति बदल गई। जब मुसलमानों ने अपनी जनसंख्या में पर्याप्त वृद्धि कर ली तो उन्होंने यहूदियों को आँखें दिखानी आरम्भ कर दीं। मुसलमानों की यह विशेषता प्रारम्भ से ही रही है कि वे जब कहीं किसी क्षेत्र विशेष में कम संख्या में होते हैं तो शांतिवादी बनकर रहते हैं और जैसे ही उनकी संख्या बढ़ती है

तो वे विपरीत धर्मावलंबियों को जीना कठिन कर देते हैं।

इस समय सल्जूक (तुर्कों का एक सेनापति) तुर्कों ने कैस्पियन सागर से जेरुसलम तक अपनी शक्ति में पर्याप्त वृद्धि कर ली। सल्जूकों ने कई देशों के साथ-साथ फिलिस्तीन पर भी कब्जा किया और जेरूसलम तथा वहाँ के पवित्र स्थान 1071 ई. तक उसके अधीन हो गए। मुसलमानों ने जैसे ही इन स्थानों पर अपना साम्प्रदायिक शिकंजा कसा तो उसका परिणाम यह हुआ कि ईसाइयों की यात्रा कठिन और संकटभरी हो गई।

उस समय नार्मन लोग इंग्लैंड के शासक थे। फ्रांस के एक भाग पर पहले से ही उनका आधिपत्य था। 1070 ईस्वी के लगभग उन्होंने अपनी शक्ति में और अधिक वृद्धि करते हुए सिसिली द्वीप मुसलमानों से जीत लिया। उससे मिला हुआ इटली का दक्षिणी भाग भी अपने अधिकार में लेने में सफलता प्राप्त की। फलस्वरूप भूमध्यसागर, जो उत्तरी अफ्रीका के मुसलमान शासकों के दबाव में था, इस समय के ईसाइयों के लिए खुल गया।

395 ई. में रोमन साम्राज्य दो भागों में बँट गया था। पश्चिमी भाग की राजधानी रोम थी। यह साम्राज्य 476 ई0 में उत्तर की बर्बर जातियों के आक्रमण से टूट गया। ईसाई जगत् के पूर्वी भाग की राजधानी कुस्तुंतुनियाँ (इस्तांबुल नगर) में थी और वहाँ ग्रीक (यूनानी) जाति के सम्म्राट् शासन करते थे। पूर्वी यूरोप के अतिरिक्त उनका राज्य एशिया माइनर पर भी था। तुर्कों ने एशिया माइनर के अधिकांश भाग पर कब्जा कर लिया था, केवल राजधानी के निकट का और कुछ समुद्रतट का क्षेत्र रोमन (जाति से ग्रीक) सम्राट् के पास रह गया था। सम्राट् ने इस संकट में पश्चिमी ईसाइयों की सहायता माँगी। रोम का पोप स्वयं ही पवित्र भूमि को तुर्कों से मुक्त कराने का इच्छुक था।

वास्तव में ईसाई और मुस्लिम शासकों की इस प्रकार की सोच व दृष्टिकोण से पता चलता है कि वह एक-दूसरे की भूमि और संपत्ति पर षड़यंत्र पूर्ण ढंग से कब्जा करने की योजनाओं में लगे हुए थे। इनका उद्देश्य जनहित नहीं था, बल्कि स्वार्थ और धनहित के दृष्टिकोण से यह ऐसा करते जा रहे थे। निश्चित रूप से इस प्रकार की स्वार्थी प्रवृत्ति किसी बड़े विनाश का कारण बनती है। साम्प्रदायिक राजाओं ने साम्प्रदायिक आधार पर जब-जब इस प्रकार के स्वार्थपूर्ण खेल रचे हैं, तब तब ही मानवता को भारी विनाश का सामना करना पड़ा है। अब जबकि ईसाई और इस्लाम के शासक इस प्रकार के खेलों में लगे हुए थे तो इनके बीच भी किसी बड़े विनाश की भूमिका तैयार हो रही थी।

-इस प्रकार की परिस्थितियों को विस्फोटक बनाने में साम्प्रदायिक आधार पर एक-दूसरे के विपरीत, विरुद्ध विषवमन करने वाले धर्म प्रचारकों ने भी अपनी अहम भूमिका का निर्वाह किया। अब अमिया निवासी पीटर संन्यासी ने फ्रांस और इटली में धर्म युद्ध

के लिए जनता को उकसाना आरम्भ कर दिया। निश्चित रूप से इस धर्म प्रचारक का यह उद्देश्य साम्प्रदायिक आधार पर दो समुदायों की टक्कर करवाना ही था। उसकी सोच थी कि इस्लाम नाम के सम्प्रदाय का विनाश किया जाए। उधर इस्लाम के धर्म प्रचारक भी अपने अनुयायियों को बहुत लम्बे समय से ऐसी परिस्थितियों के लिए उकसाते चले आ रहे थे।

ईसाई -धर्म प्रचारकों के प्रयास से छह लाख क्रूसधर मज़हब के नाम पर अपना बलिदान देने को तैयार हो गए। यद्यपि ईसाइयों की पूर्वी और पश्चिमी साम्राज्यों की फूट ने इन क्रूस-युद्धों को गहराई से प्रभावित किया, क्योंकि उनकी इस प्रकार की फूट देर तक बनी रही।

प्रथम क्रूस-युद्ध

मज़हबी उन्माद व्यक्ति के मन मस्तिष्क में गहरा अंधकार कर देता है। क्योंकि यह सबसे पहले विवेक के दीपक को बुझाता है। जैसे चोर घर में प्रवेश करने से पहले प्रकाश के स्रोत को बंद करता है वैसा ही कार्य मज़हब व्यक्ति के मन मस्तिष्क पर अविवेक की चादर डालकर करता है।

ऐसी ही मानसिकता से प्रेरित होकर मज़हब के नाम पर उन्मादी, उत्पाती और उग्रवादी होकर लोग युद्ध के लिए चल दिए। ईसाई धर्म प्रचारक पीटर और उसके अन्य साथियों ने लोगों को इस प्रकार आक्रोशित कर दिया था कि वह लाखों की संख्या में विधर्मियों अथवा काफिरों या विपरीत मज़हबी लोगों का विनाश करने के लिए घर से चल दिए थे। मज़हब का भूत सिर पर इस प्रकार चढ़कर बोल रहा था कि किसी को भी मानवतावाद के बारे में सोचने का तनिक भी समय नहीं था।

जहाँ तक राजनीतिक सत्ताओं का विषय है तो वह भी साम्प्रदायिक रंग में इस प्रकार रंग चुकी थीं कि उन्हें भी विनाश में ही विकास दिखाई दे रहा था। फ्रांस, जर्मनी और इटली के जनसाधारण लाखों की संख्या में पोप और संन्यासी पीटर की प्रेरणा से अपने बाल बच्चों के साथ गाड़ियों पर सामान लादकर पवित्र भूमि की ओर मार्च 1096 ई. में थलमार्ग से चल दिए। श्रद्धा ही विनाश का कारण बन गई। यह स्थिति हमें बताती है कि जब मानवीय मूल्यों से मनुष्य की आस्था और निष्ठा डिग जाती है तो वह विनाश में ही विकास देखने लगता है।

यही कारण है कि हमारे महान ऋषि पूर्वजों ने धर्म और मानवता को एक साथ रखकर दोनों को प्रेम का प्रतीक बनाकर संसार के लिए उपयोगी माना और उनके प्रचार प्रसार और विस्तार को मनुष्य का सबसे बड़ा कर्त्तव्य माना। मानवता और धर्म के इस अन्योन्याश्रित

सम्बन्ध को मज़हब के राक्षस ने खण्ड-खण्ड कर दिया। क्योंकि मज़हब का काम विखण्डन करना ही है। फलस्वरूप मानवता और धर्म मज़हब के राक्षस के शिकंजे में आ गये।

जब धर्म के स्थान पर मज़हब आ गया तो उसके नेताओं ने मज़हबी उन्माद को फैलाना ही संसार के लिए उपयोगी माना। उसी का परिणाम था कि संसार के उस समय के लोग एक-दूसरे के विनाश के लिए घरों से निकल लिए। जब धर्म जैसी पवित्र वस्तु के स्थान पर तोड़फोड़ कराने वाला राक्षस मज़हब के रूप में आ बैठता है तो लोग इसी को छलावा कहते हैं। छलावे से लोगों को बहुत डर लगता है। उसका कारण यही है कि छलावों ने संसार को बहुत अधिक कष्ट दिया है।

इतिहास को हमें इतिहास बोध के साथ पढ़ना चाहिए। केवल घटनाओं को याद करने के दृष्टिकोण से इतिहास पढ़ना नितांत गलत है। इतिहास इसलिए बनाया जाता है कि अतीत की घटनाओं से हम शिक्षा लेते चलें और यह देखते चलें कि मज़हब ने हमें कब-कब कितनी चोट पहुँचाई है?

हम घटनाओं पर लीपापोती न करें अपितु उन्हें सही दृष्टिकोण के साथ समझने का प्रयास करें और यह समझें कि यदि मज़हब उस समय नहीं होता और धर्म उसके स्थान पर होता तो क्या ऐसा होता? निश्चित रूप से नहीं।

जो लोग उस समय एक-दूसरे को मारने काटने के लिए घरों से निकले थे वे सभी के सभी विधर्मियों के प्रति द्वेषरत थे। यह सभी एक ऐसा डरावना दृश्य प्रस्तुत कर रहे थे जिसमें मनुष्य ही मनुष्य का शत्रु हो गया था और एक-दूसरे को अपना आहार बनाने के लिए खोज रहा था। जब मनुष्य मनुष्य को अपना आहार बनाने के लिए खोजने लगे तो समझो कि उसकी मानवता उससे दूर हो गई है और उस पर पाशविकता हावी और प्रभावी हो गई है। उनके पास भोजन सामग्री और परिवहन के साधनों का अभाव होने के कारण वे मार्ग में लूट-खसोट और यहूदियों की हत्या करते गए जिसके फलस्वरूप बहुतेरे मारे भी गए। इनकी यह प्रवृत्ति देखकर पूर्वी सम्राट् ने इनके कोंस्तांतीन नगर पहुँचने पर दूसरे दल की प्रतीक्षा किए बिना इनको बास्फोरस के पार उतार दिया। वहाँ से बढ़कर जब वे तुर्कों द्वारा शासित क्षेत्र में घुसे तो, मारे गए।

दूसरा दल पश्चिमी यूरोप के कई सुयोग्य सामंतों की सेनाओं का था। पूर्वी सम्राट् ने इन सेनाओं को मार्गपरिवहन इत्यादि की सुविधाएँ और स्वयं सैनिक सहायता देने के बदले इनसे यह प्रतिज्ञा कराई कि साम्राज्य के भूतपूर्व प्रदेश, जो तुर्कों ने हथिया लिए थे, फिर जीते जाने पर सम्राट् को दे दिए जाएँगे। यद्यपि इस प्रतिज्ञा का पूरा पालन नहीं हुआ और

सम्राट् की सहायता यथेष्ट नहीं प्राप्त हुई, फिर भी क्रूसधर सेनाओं को इस युद्ध में पर्याप्त सफलता मिली।

अंतिओक से नवबंर, 1098 में चलकर सेनाएँ मार्ग में स्थित त्रिपोलिस, तीर, तथा सिज़रिया के शासकों से दण्ड लेते हुए जून, 1099 में जेरूसलम पहुंचीं और पाँच सप्ताह के घेरे के बाद जुलाई, 1099 में उस पर अधिकार कर लिया। उन्होंने नगर के मुसलमान और यहूदी निवासियों की निर्मम हत्या कर दी। यहाँ पर साम्प्रदायिकता ने अपना नंगा नाच किया और मुसलमानों व यहूदियों के बाल बच्चों और महिलाओं की निर्ममता के साथ हत्या की गई।

यहाँ पर यह नहीं देखना है कि जीत किसकी हुई बल्कि इतिहास की समीक्षा के दृष्टिकोण से यह देखना है कि हार किसकी हुई? और यदि इस पर विचार करेंगे तो निश्चित रूप से मानवता की पराजय हुई थी। जब बड़ी संख्या में लोगों को अपने प्राण गँवाने पड़े थे। गिद्धों की भाँति लोगों ने एक-दूसरे की संपत्ति को लूटा और लाशों को भी यह देख देखकर दफनाया गया कि कहीं उनके शरीर पर कोई किसी प्रकार का स्वर्ण या चाँदी का आभूषण तो नहीं है? यदि है तो उसे उतार लिया जाए अर्थात् लूट लिया जाए। वैसे अधिकांश लाशें खुले आकाश के नीचे जंगली पशु और पक्षियों के लिए ही छोड़ दी गई थीं।

इस प्रकार इस युद्ध में मानव ने मानव होकर भी दानव का रूप धारण कर लिया था। चारों ओर उसकी दानवता नंगा नाच कर रही थी और अपने ही भाइयों का वध करने में उसे आनंद आ रहा था। इस प्रकार की दानवता को मानवता के रूप में स्थापित करने का ईसाई और इस्लामिक इतिहासकारों ने अपने-अपने मज़हब के पक्ष में प्रयास किया है। यद्यपि यह पूर्णतया गलत है। हमें निष्पक्ष होकर इस युद्ध का अवलोकन करना चाहिए और इस तथ्य को स्थापित करना चाहिए कि मानव जिस प्रकार उस समय नंगा होकर नाच कर रहा था उसमें मानवता की जीत नहीं हुई थी अपितु पराजय हुई थी।

द्वितीय क्रूस युद्ध (1147-1148)

जब सन् 1144 में मोसल के तुर्क शासक इमादुद्दीन जंगी ने एदेसा को ईसाई शासक से छीन लिया तो पोप से सहायता की प्रार्थना की गई और उसके आदेश से प्रसिद्ध संन्यासी संत बर्नार्ड ने धर्मयुद्ध का प्रचार किया। किसी संत का इस प्रकार युद्ध का प्रचार करना फिर मानवता के लिए एक खतरे की घंटी बन गया था। लगने लगा था कि फिर विनाश के बादल गहरा रहे हैं। वास्तव में जो लोग अपने आपको संत कहते हैं उनका संतत्व युद्ध का प्रचार नहीं है बल्कि शांति का प्रचार करना है। पर जब तथाकथित संत ही अपने धर्म को भूल जाएँ तो मज़हब का राक्षस तो अपना नाच दिखाएगा ही। करना

पोप से सहायता की प्रार्थना का अर्थ था कि पोप के पास अपने अनुयायियों के रूप में एक विशाल सेना थी। पोप ने इस प्रार्थना पर कार्यवाही करते हुए जब अपने एक संत बर्नार्ड को धर्म युद्ध का प्रचार करने की आज्ञा दी तो उस सन्त ने विपरीत मतावलंबियों के विरुद्ध वैसा ही विषवमन करना आरम्भ किया जैसा पहले क्रूस युद्ध के समय पीटर ने किया था।

इस प्रकार पोप की संलिप्तता ने यह स्पष्ट कर दिया कि धर्मगुरु भी उस समय स्वार्थ प्रेरित हो गए थे। उन्हें मानवता की भलाई इसी में दिखाई दे रही थी कि उनका अपना धर्म, गुरुपद किस प्रकार सुरक्षित रह सकता है और किस प्रकार वह महिमामंडित होकर संसार पर अप्रत्यक्ष रूप से अपना शासन स्थापित कर सकते हैं? यहाँ पर यह बात भी ध्यान देने की है कि हमारे ऋषि महात्माओं के द्वारा राजाओं को दिए गए परामर्श को भी ईसाई और मुस्लिम इतिहासकारों ने यह कहकर कोसा है कि ये लोग राजनीति में हस्तक्षेप करके अपना वर्चस्व स्थापित करते थे। इसे इन लोगों ने ब्राह्मणवादी व्यवस्था का नाम देकर भारत के इतिहास को विकृत करने का प्रयास किया है। जबकि इन्हें अपने तथाकथित धर्म गुरुओं के इस प्रकार के आचरण में आज तक भी कोई त्रुटि दिखाई नहीं दी। यद्यपि इनके धर्म गुरुओं के इस आचरण ने मानवता का भारी अहित किया। अस्तु।

मज़हबी विष फिर से लोगों की नसों में चढ़ गया और पुराने घावों को कुरेदते हुए सब एक-दूसरे के प्राण लेने के दृष्टिकोण से घरों से निकल पड़े। 'विकिपीडिया' के अनुसार इस युद्ध के लिए पश्चिमी यूरोप के दो प्रमुख

राजा (फ्रांस के सातवें लुई और जर्मनी के तीसरे कोनराड) तीन लाख की सेना के साथ थलमार्ग से कोंस्तांतीन होते हुए एशिया माइनर पहुँचे। इनके परस्पर वैमनस्य और पूर्वी सम्राट् की उदासीनता के कारण इन्हें सफलता न मिली। जर्मन सेना इकोनियम के युद्ध में 1147 में परास्त हुई और फ्रांस की अगले वर्ष लाउदीसिया के युद्ध में। पराजित सेनाएँ समुद्र के मार्ग से अंतिओक होती हुई जेरूसलम पहुंचीं और वहाँ के राजा के सहयोग से दमिश्क पर घेरा डाला, पर बिना उसे लिए हुए ही हट गईं। इस प्रकार यह युद्ध नितांत असफल रहा।

यद्यपि हमारा मानना है कि यह युद्ध साम्प्रदायिकता के जिस विष को लेकर आरम्भ हुआ था उसको और भी अधिक गहनता के साथ फैलाने में सफल रहा। तब से लेकर आज तक भी लोगों ने कभी यह नहीं सोचा कि साम्प्रदायिक या मज़हबी सोच किस प्रकार उत्पाती व उन्मादी हो सकती है? यदि उस समय के लोगों की मानसिकता पर विचार करें तो पता चलता है कि युद्ध चाहे असफल हो गया हो पर युद्ध की मानसिकता अभी थकने का नाम नहीं ले रही थी। यही कारण रहा कि लोग शीघ्र ही तीसरे क्रूस युद्ध के लिए सन्नद्ध हो गए।

तृतीय क्रूस युद्ध (1188-1192 ई.)

लूटपाट, डकैती और बलात्कार जब शासन के प्रमुख उद्देश्यों में सम्मिलित हो जाते हैं तो सर्वत्र अराजकता फैल जाती है। अराजकता का प्रतिशोध भी अराजकता से ही दिया जाता है। जिससे सर्वत्र महाविनाश होने लगता है। जब संसार में मज़हबी शासकों के विजय अभियानों की आँधी उठी तो इन आँधियों ने भी सर्वत्र महाविनाश की लीला मचा दी।

लूटपाट, हत्या, डकैती और बलात्कार को अपने शासन का आधार बनाकर काम करने वाले मज़हबी शासकों ने जबरन विशाल साम्राज्य स्थापित कर लिए, परन्तु कभी भी वे इन साम्राज्यों की देर तक सुरक्षा करने में सफल नहीं हुए। इसका कारण केवल एक था कि राजा के दुर्गुणों को अंगीकार कर उस समय उनकी प्रजा भी ऐसे ही गुणों से भर गई थी। जब प्रजा भी दुर्गुणों से भर जाती है तो वह राजा के नियंत्रण से बाहर हो जाती है। वैसे भी राजा प्रजा के भीतर दुर्गुण पैदा करने के लिए नहीं बनाया जाता बल्कि सगुणों की वृद्धि करने के लिए बनाया जाता है। इसके लिए आवश्यक है कि राजा स्वयं भी सगुणी हो।

मज़हबी दृष्टिकोण से दूसरों के राज्यों को हड़प हड़पकर अपने साम्राज्य में मिलाने की सोच रखने वाले इन मज़हबी शासकों के साम्राज्य लड़ाई झगड़े, कलह और बड़ी संख्या में लोगों के नरसंहार का कारण बनते रहे। कभी भी स्थायी शांति इनमें स्थापित नहीं रही। टर्की के शासकों ने भी इसी रास्ते पर चलते हुए अपना एक विशाल साम्राज्य स्थापित करने में सफलता प्राप्त कर ली थी। इस तीसरे युद्ध का कारण तुर्की की शक्ति का उत्थान ही माना जाता है। विशाल तुर्की साम्राज्य के सुलतान सलाउद्दीन (1137-1193) ने 1187 में जेरूसलम के ईसाई राजा को हत्तिन के युद्ध में परास्त कर बंदी बना लिया और जेरूसलम पर अपना अधिकार स्थापित कर लिया।

इस बंदरगाह का बचाव सन 1188 में करने के बाद ईसाई सेना ने दूसरे बंदरगाह एकर को सलाउद्दीन से लेने के लिए उस पर अगस्त, 1189 में घेरा डाला। सलाउद्दीन ने घेरा डालने वालों को घेरे में डाल दिया। जब 1189 के अप्रैल में फ्रांस की सेना और जून में इंग्लैंड की सेना वहाँ पहुँची तब सलाउद्दीन ने अपनी सेना हटा ली और इस प्रकार जेरूसलम के राज्य में से केवल समुद्रतट का वह भाग, जिसमें ये बंदरगाह (एकर तथा तीर) स्थित थे, शेष रह गया।

इस युद्ध के लिए यूरोप के तीन प्रमुख राजाओं ने बड़ी तैयारी की थी, पर वह सहयोग न कर सके और पारस्परिक विरोध के कारण असफल रहे। प्रथम जर्मन सम्राट् फ्रेडरिक लालमुँहा (बार्बरोसा), जिसकी अवस्था 80 वर्ष से अधिक थी, दूसरा फ्रांस का राजा फिलिप ओगुस्तू अपनी सेना जेनोआ के बंदरगाह से जहाजों पर लेकर चला, पर सिसिली

में इंग्लैंड के राजा से विवादवश एक वर्ष नष्ट करके अप्रैल, 1181 में एकर पहुँच पाया, तीसरे इस क्रूस युद्ध का प्रमुख इंग्लैंड का राजा रिचर्ड प्रथम था, जो फ्रांस के एक प्रदेश का ड्यूक भी था और अपने पिता के राज्यकाल में फ्रांस के राजा का परम मित्र रहा था। इसने अपनी सेना फ्रांस में ही एकत्र की और वह फ्रांस की सेना के साथ ही समुद्रतट तक गई। इंग्लैंड का समुद्री बेड़ा सन 1189 में ही वहाँ से चलकर मारसई के बंदरगाह पर उपस्थित था। साम्प्रदायिक आधार पर लड़ा गया यह युद्ध भी मानवता के लिए भारी विनाशकारी रहा।

चतुर्थ क्रूस युद्ध (1202-1204 ई.)

अभी तक पोप की शक्ति में पर्याप्त वृद्धि हो चुकी थी। जिस प्रकार मुसलमानों के यहाँ खलीफा मज़हब का मुखिया होता था, उसी प्रकार ईसाइयों के यहाँ पर पोप की स्थिति थी। मज़हब के तथाकथित ठेकेदारों ने लोगों के भीतर मज़हबी उन्माद पैदा करके अपनी सत्ता को मजबूत करने का षड्यंत्र रचते रहने में कुशलता प्राप्त कर ली थी। उसी का परिणाम था कि संसार की बड़ी जनसंख्या अपने-अपने मठाधीशों की अनुयायी बनकर उनकी आवाज पर काम करने वाली हो चुकी थी। लोगों की इस प्रकार की साम्प्रदायिक भावनाओं का इन धर्माधीशों ने जमकर दुरुपयोग किया। इसी के चलते बड़े-बड़े सम्राटों को भी इन धर्माधीशों के सामने सिर झुकाना पड़ता था।

इस युद्ध का प्रवर्तक पोप इन्नोसेंत तृतीय था। उसकी इच्छा थी कि ईसाई जगत् अपने मतभेदों को भुलाकर एकता का परिचय दे और मुसलमानों को इस पवित्र भूमि से बाहर निकालने में सफलता प्राप्त करे। उसका मानना था कि मुसलमानों के यहाँ रहने से यह पवित्र भूमि पददलित है और ईसाइयों को इसकी मौन आवाज को सुनना चाहिए। इसलिए वह ईसाइयों में एकता स्थापित करने के लिए प्रयासरत रहा। वह सारे भूमण्डल पर ईसाइयों की एकता के लिए काम करने का इच्छुक था। जिससे ईसा मसीह की शिक्षाएँ संसार का मार्गदर्शन कर सकें और उनका प्रचार-प्रसार हो सके। पोप की शक्ति इस समय चरम सीमा पर थी। वह जिस राज्य को जिसे चाहता, दे देता था।

यह एक सर्वविदित तथ्य है कि मुसलमानों का खलीफा हो, चाहे ईसाइयों का पोप हो, इन्हें जनता नहीं चुनती थी बल्कि ये स्वयं अपने लिए ऐसे रास्ते बनाते रहे जिनसे जीवन भर के लिए उनका चयन खलीफा या पोप के स्थान पर हो जाता था। उसके पश्चात् ये लोगों की धार्मिक आस्थाओं का लाभ उठाते हुए उन्हें भरमाते और भटकाते थे। जिससे विश्व में इनका वर्चस्व स्थापित रहे और उनकी सत्ता को किसी प्रकार की चुनौती कहीं से भी ना मिल सके। अपने इस निहित स्वार्थ की पूर्ति के लिए ये लोग तत्कालीन राजशाही,

बादशाही या राजाओं को भी अपने हाथों की कठपुतली बनाने का प्रयास करते थे। जन भावनाओं का उभार व लगाव इन धर्म के ठेकेदारों के साथ होने के कारण कई बार राजाओं को भी इन्हीं की हाँ में हाँ मिलानी पड़ती थी। जिससे आम लोगों को ऐसा लगता था कि जैसे खलीफा और पोप धरती पर ईश्वर के ही दूसरे रूप हैं। यदि उन्होंने इनकी कही हुई बात को स्वीकार नहीं किया तो निश्चय ही उन्हें नर्क में जाना पड़ेगा।

सन् 1202 में पूर्वी सम्राट् ईजाक्स को उसके भाई आलेक्सियस ने अंधा करके हटा दिया था और स्वयं सम्राट् बन बैठा था। पश्चिमी सेनाएँ समुद्र के मार्ग से कोंस्तांतीन पहुंचीं और आलेक्सियस को हराकर ईजाक्स को गद्दी पर बैठाया। उसकी मृत्यु हो जाने पर कोंस्तांतीन पर फिर घेरा डाला गया और विजय के बाद वहाँ बल्डिविन को, जो पश्चिमी यूरोप में फ्लैंडर्स (बेल्जियम) का सामंत था, सम्राट् बनाया गया। इस प्रकार पूर्वी साम्राज्य भी पश्चिमी फिरंगियों के शासन में आ गया और 60 वर्ष तक बना रहा।

इस क्रान्ति के अतिरिक्त फिरंगी सेनाओं ने राजधानी को भली प्रकार लूटा। वहाँ के कोष से धन, रत्न और कलाकृतियाँ लेने के अतिरिक्त प्रसिद्ध गिरजाघर संत साफिया को भी लूटा जिसकी छत में, कहा जाता है, एक सम्राट् ने 18 टन सोना लगाया था।

बालकों का धर्मयुद्ध

जब से विश्व इतिहास में मज़हब का हस्तक्षेप बढ़ा तबसे एक नई प्रवृत्ति देखने को मिली। जिसके अन्तर्गत क्रूर शासकों ने बच्चों और महिलाओं के साथ भी अमानवीय अत्याचार किए। उससे पूर्व के मानव इतिहास में ऐसी घटनाएँ नहीं हुईं। विशेष रूप से भारत के आर्यावर्तकालीन इतिहास पर यदि दृष्टिपात किया जाए तो एक भी उदाहरण ऐसा नहीं मिलता जब भारत के किसी शासक ने या सम्प्रदाय विशेष के किसी मुखिया ने बच्चों और महिलाओं के साथ अत्याचार करने के कोई आदेश जारी किए हों या किसी ऐसी घटना को अंजाम दिया हो।

सन् 1212 में विश्व इतिहास की एक विचित्र घटना घटित हुई। जब फ्रांस के स्तेफ़ाँ नाम के एक किसान ने भोली-भाली जनता की मज़हबी भावनाओं के साथ खिलवाड़ करते हुए यह घोषणा की कि उसे ईश्वर ने मुसलमानों को परास्त करने के लिए भेजा है। उसने यह भी घोषणा की कि वह अपनी युक्ति और बल से मुसलमानों को पराजित करके ही दम लेगा। उसका कहना था कि मुसलमानों की यह पराजय बालकों के द्वारा होगी। सचमुच इस व्यक्ति का यह मज़हबी उन्माद ही था, जिसने उस समय जनसामान्य पर बड़ा ही आश्चर्यजनक प्रभाव डाला। लोग उसकी बातों में आ गए और उन्होंने यह मान लिया कि वह जो कुछ कह रहा है, ठीक ही कह रहा है।

उसके इस प्रकार के मज़हबी उन्माद ने फिर से ईसाई जनता के भीतर मज्जहबी भावनाओं को भड़काने का काम किया। विश्व इतिहास में पहली बार 12 वर्ष से कम अवस्था के 30000 बालक-बालिकाएँ इस काम के लिए सात जहाजों में फ्रांस के दक्षिणी बंदरगाह मारसई से चले। धार्मिक विश्वास में अंधे हुए इन बालकों के भीतर भी एक अद्भुत विश्वास था। जिसके आधार पर वह भी मान रहे थे कि वह अपने प्रयोजन में सफल होंगे। पर ऐसा हुआ नहीं। दो जहाज तो समुद्र में समस्त यात्रियों समेत डूब गए, शेष के यात्री सिकंदरिया में दास बनाकर बेच दिए गए। इनमें से कुछ 12 वर्ष उपरान्त एक संधि द्वारा मुक्त हुए।

'विकिपीडिया' के अनुसार इसी वर्ष एक दूसरे उत्साही ने 20000 बालकों का दूसरा दल जर्मनी में खड़ा किया और वह उन्हें जेनेवा तक ले गया। वहाँ के बड़े पादरी ने उन्हें लौट जाने का परामर्श दिया। लौटते समय उनमें से बहुत से पहाड़ों की यात्रा में मर गए।

बालक किसी भी देश की बहुत बड़ी संपदा होते हैं। यही कारण है कि क्रूर से क्रूर बादशाह भी अपने देश के बच्चों की रक्षा करने को अपना दायित्व मानते रहे हैं, पर मज़हब की उन्मादी सोच बच्चों के साथ भी क्या करवा दे? -कुछ कहा नहीं जा सकता। इसी उन्मादी सोच का उदाहरण इतिहास की यह भयंकर घटना है। जिसमें 50000 बच्चों को मज़हब की उन्मादी सोच ने बलि का बकरा बना दिया।

इसके उपरान्त भी लोगों का मन मज़हब की उन्मादी सोच से ऊबा नहीं। इतना ही नहीं, आज तक भी लोग मज़हब के इस प्रकार के उन्मादी कार्यों को भूलकर उसी के वशीभूत होकर अनेकों कार्य करते देखे जाते हैं। जिससे पता चलता है कि मनुष्य समाज अपने अतीत से या अपने इतिहास से कुछ शिक्षा लेना नहीं चाहता। वह भेड़ चाल चलते रहने में विश्वास रखता है। मज़हब भी लोगों की इसी भेड़चाल से प्रसन्न रहता है। वह भी नहीं चाहता कि इतिहास का सच लोगों की समझ में आए, क्योंकि यदि ऐसा हुआ तो मज़हब का भूत लोगों के मस्तिष्क से उतर जाएगा।

पाँचवाँ क्रूस युद्धं (1228-29)

सन् 1228-29 में सम्राट् फ्रेडरिक द्वितीय ने मिस्त्र के शासक से संधि करके, पवित्र भूमि के मुख्य स्थान जेरूसलम, बेथलहम, नज़रथ, तौर और सिदान तथा उनके आसपास के क्षेत्र प्राप्त करके अपने को जेरूसलम के राजपद पर अभिषिक्त किया।

छठा क्रूस युद्ध (1248-1254 ई.)

कुछ ही वर्ष उपरान्त जेरूसलम फिर मुसलमानों ने छीन लिया। जलालुद्दीन,

ख्वारज्मशाह, जो खोबा का शासक था, चंगेज़ खाँ से परास्त होकर, पश्चिम गया और सन 1144 में उसने जेरूसलम लेकर वहाँ के पवित्र स्थानों को क्षति पहुँचाई और निवासियों की हत्या की।

इस पर फ्रांस के राजा लुई नवें ने (जिसे संत की उपाधि प्राप्त हुई) 1248 और 1254 के बीच दो बार इन स्थानों को फिर से लेने का प्रयास किया। फ्रांस से समुद्रमार्ग से चलकर वह साइप्रस पहुँचा और वहाँ से 1249 में मिस्र में दमिएता ले लिया, पर सब 1250 में मसूरी की लड़ाई में परास्त हुआ और अपनी पूरी सेना के साथ उसने पूर्ण आत्मसमर्पण किया। चार लाख स्वर्णमुद्रा का उद्धार मूल्य चुकाकर, दामएता वापस कर मुक्ति पाई। इसके उपरान्त चार वर्ष उसने एकर के बचाव का प्रयास किया, पर सफल न हुआ।

सप्तम क्रूस युद्ध (1270-1272)

जब 1268 में तुर्कों ने ईसाइयों से अंतिअकि ले लिया, तब लुई नौंवे ने एक और क्रूस युद्ध किया। उसको आशा थी कि उत्तरी अफ्रीका में त्यूनस का राजा ईसाई हो जाएगा। वहाँ पहुँचकर उसने काथेज 1270 ई0 में लिया, पर थोड़े ही दिनों में वह प्लेग से मर गया। इस युद्ध को उसकी मृत्यु के बाद इंग्लैंड के राजकुमार एडवर्ड ने, जो आगे चलकर राजा एडवर्ड प्रथम हुआ, जारी रखा। यद्यपि उसने अफ्रीका में और कोई कार्यवाही नहीं की। वह सिसला होता हुआ फिलिस्तीन पहुँचा। उसने एकर का घेरा हटा दिया और मुसलमानों को दस वर्ष के लिए युद्धविराम करने को बाध्य किया। एकर ही एक स्थान फिलिस्तीन में ईसाइयों के हाथ में बचा था और वह अब उनके छोटे से राज्य की राजधानी थी। सन 1290 में तुर्कों ने उसे भी ले लिया।

यह लेख हमने 'विकिपीडिया' की सहायता से तैयार किया है। इस लेख को तैयार करने का उद्देश्य केवल यह दिखाना है कि मज़हब के आधार पर संसार को कितने भयानक युद्धों का सामना करना पड़ा है? और कितनी देर तक राजनीतिक व धार्मिक सत्ता मज़हब की उन्मादी सोच से पगलाई रही? वह समय नैतिक-अनैतिक, नीतिगत अनीतिगत कुछ भी देखने का नहीं था। सब कुछ मज़हबी उन्मादी सोच के वशीभूत हो गया था।

कालांतर में जब खलीफा और पोप की शक्तियाँ या तो छीनी गईं या बहुत सीमित की गईं तो उसका कारण केवल यही था कि लोगों को बहुत कुछ लुटने पिटने के पश्चात् यह बोध हुआ कि मज़हब के ठेकेदारों से मुक्ति प्राप्त करना ही उचित होगा। यद्यपि मज़हब के ठेकेदारों का हस्तक्षेप जनसामान्य के जीवन में आज भी बना हुआ है। इतिहास के काले पृष्ठों से आज के मानव समुदाय को शिक्षा लेनी चाहिए और वेदसंगत, नीतिसंगत,

धर्मसंगत व सृष्टि नियमों के अनुकूल शिक्षा पद्धति को लागू कर भोली भाली जनता को मज़हब के ठेकेदारों से मुक्ति दिलाने के लिए एक वैश्विक क्रान्ति का आयोजन किया जाना चाहिए। यद्यपि जब विश्व ईसाइयत और इस्लाम के दो खेमों में बँटा हुआ स्पष्ट दिखाई दे रहा हो, तब इस प्रकार की वैश्विक क्रान्ति की कठिनाइयों और असम्भावनाओं को बड़ी सरलता से समझा जा सकता है।

❒

अध्याय-10

भारत में साम्प्रदायिकता : अंग्रेज और काँग्रेस

भारत में प्राचीन काल में शासन की नीति का आधार पंथनिरपेक्ष विचारधारा होती थी। जिसमें शासन का मुख्य उद्देश्य प्रत्येक व्यक्ति को स्वतन्त्रता की स्वतन्त्र अनुभूति कराना होता था। किसी पर भी किसी प्रकार का बन्धन न हो, प्रतिबन्ध न हो और अपने जीवन को सब सुरक्षित भाव से जीने का आनन्द ले सकें, ऐसी व्यवस्था करना शासन का प्रमुख उद्देश्य था। जब तक भारत की यह व्यवस्था कार्य करती रही तब तक समाज में शान्ति बनी रही।

भारत के उस शान्ति के उपासक समाज में साम्प्रदायिकता और साम्प्रदायिक दंगों के लिए कहीं कोई स्थान नहीं था। यदि किसी पर कोई व्यक्ति अत्याचार करता था तो शेष सारा समाज उस अत्याचारी के विरोध में उठ खड़ा होता था। जिससे किसी भी अपराधी मनोवृत्ति के व्यक्ति को अपराध करने से पहले दस बार सोचना पड़ता था।

मज़हबी उन्माद की, नीति की तैयार।
अपना लाभ जानकर बढ़ा दई तकरार।।

हम पूर्व में ही स्पष्ट कर चुके हैं कि भारत में साम्प्रदायिकता अर्थात् मज़हबपरस्ती और मज़हबी दंगों का इतिहास मुस्लिमों के आक्रमण से आरम्भ होता है। इस प्रकार की गतिविधियों को इस्लाम के प्रत्येक शासक ने भारत में प्रोत्साहित किया और दीनी खिदमत के लालच में हर वह अत्याचार करने का प्रयास किया, जिसे वह कर सकता था।

जब भारत में अंग्रेज आए तो उन्होंने देखा कि मुस्लिमों के अत्याचारों और उनके साम्प्रदायिक दृष्टिकोण को भारतवर्ष का हिन्दू ना तो स्वीकार करता है और ना ही उनकी मज़हबी कट्टरता के कारण उनके साथ बैठना पसन्द करता है। क्योंकि मुस्लिमों का

दृष्टिकोण काफिरों के साथ कयामत तक युद्ध करते रहने का है। दूसरी ओर हिन्दू समाज है जो अपनी स्वाधीनता को हर स्थिति में बनाए रखना चाहता है, वह अपने धार्मिक मूल्यों, सांस्कृतिक पहचान और अपने पूर्वजों की महान परम्पराओं के निर्वाह में विश्वास रखता है, जिन्हें इस्लाम मिटा देना चाहता है। इस्लाम की अपनी मान्यताएँ हैं, जबकि हिन्दुओं की अपनी मान्यताएँ हैं, जो दोनों को एक साथ नहीं आने देती हैं। मुसलमान हिन्दुओं की हर एक मान्यता का अतिक्रमण ही नहीं करते हैं, बल्कि 'हिन्दू विनाश' में विश्वास रखते हैं। जिस कारण हिन्दू कभी मुस्लिमों को अपना नहीं समझ पाया है। इसलिए देश का हिन्दू समाज उनके प्रति सशंकित रहता है।

अंग्रेजों की कूटनीति

देश के मुस्लिम समाज के बारे में अंग्रेजों ने अपनी धारणा बनायी कि ये लोग मज्जहबी कट्टरता के आधार पर हिन्दुस्तान पर देर तक शासन करते रहना चाहते हैं और इसे अपने रंग में रंग देना चाहते हैं अर्थात् इसको दारुल इस्लाम की श्रेणी में ले आना चाहते हैं। अंग्रेजों ने बड़ी सावधानी बरतते हुए यह समझ लिया कि इस समय हिन्दुस्तान की राजगद्दी के उत्तराधिकारी दो हैं। एक हिंदू हैं जो इस देश को अपने पूर्वजों की पवित्र भूमि मानते हैं और इसी आधार पर इस देश की राजगद्दी पर अपना अधिकार जताते हैं, जबकि दूसरे उत्तराधिकारी मुसलमान हैं, जो यह मानते हैं कि हिंदुस्तान की भूमि को उनके पूर्वजों ने जीता है और जीती हुई वस्तु पर केवल उन्हीं का अधिकार है। दोनों उत्तराधिकारियों की मानसिकता को समझकर अंग्रेजों ने अपनी राजनीतिक गोटियाँ बैठाने का लक्ष्य निर्धारित किया। उन्होंने समय-समय पर दोनों की राजनीतिक और सामाजिक दूरियों का न केवल लाभ उठाया बल्कि जहाँ आवश्यक हुआ वहाँ साम्प्रदायिक नीति अपनाकर अपना स्वार्थ सिद्ध किया और जहाँ उचित समझा वहाँ दोनों को लड़ाकर अपनी जीत सुनिश्चित की अर्थात् अपना लाभ प्राप्त किया।

बंध्या मुस्लिम कर दिए लिए सभी पुचकार।
अपने हितों को साधने लगी चतुर सरकार॥

अंग्रेजों ने बड़ी चतुराई दिखाते हुए मुस्लिमों को नेतृत्व के विषय में नपुंसक बनाकर रख दिया। उन्होंने इस बात की पूरी व्यवस्था कर ली कि अब कोई ना तो नया सुल्तान बनेगा और ना ही कोई नया मुस्लिम राज्य स्थापित करने वाला बादशाह पैदा होगा। इस तथ्य की ओर बहुत कम लोगों का ध्यान जाता है कि भारत में जैसे ही अंग्रेज आए और

उन्होंने अपना साम्राज्य स्थापित करने की दिशा में आगे बढ़ना आरम्भ किया, वैसे ही मुस्लिमों के नए राजनीतिक नेता अर्थात् सुल्तान या बादशाह पैदा होने बंद हो गए।

अपनी इस योजना को सिरे चढ़ाने के लिए अंग्रेजों ने सर सैयद अहमद खान जैसे लोगों को पहले दिन से ही खोजना आरम्भ कर दिया था। समय-समय पर वह अपने इस कार्य को करते रहे और उन लोगों को मुस्लिमों का नेता बनाना आरम्भ कर दिया। उनसे देश में द्विराष्ट्रवाद की आवाज लगवानी आरम्भ की। अंग्रेजों ने मुस्लिमों को यह सब्जबाग दिखाने आरम्भ किए कि आप हमारे साथ मिलकर या सामंजस्य बनाकर चलते रहो। भविष्य में यदि हमको कभी भारत छोड़ना पड़ा तो हम आपको आपकी इस वफादारी का पूरा मूल्य चुकाएंगे अर्थात् आपको अपना एक देश देकर जाएँगे। अपनी इस योजना को सिरे चढ़ाने के लिए अंग्रेजों ने मुस्लिम साम्प्रदायिकता को समय-समय पर अपना पूरा सहयोग और समर्थन प्रदान किया। जिससे अंग्रेजों के समय में भी मुस्लिम साम्प्रदायिकता भारतवर्ष में नंगा नाच करती रही। इसको आप इस प्रकार समझ सकते हैं कि जहाँ मुगलकाल में सरकार द्वारा प्रायोजित दंगे होते थे या मज़हबपरस्ती अपना नंगा नाच दिखाती थी, वहीं अब सरकार द्वारा समर्थित दंगे होने लगे। जिन्हें अप्रत्यक्ष रूप से अंग्रेज पीछे से सहयोग करते थे। उनका उद्देश्य केवल यह होता था कि मुस्लिम साम्प्रदायिकता के माध्यम से हिन्दुओं को अपनी मुट्ठी में रखा जाए। इस प्रकार हिन्दुओं के प्रति शासन की कुल मिलाकर वही नीति रही जो मुगलों के काल में रही थी। हिन्दू को आज भी साम्प्रदायिक दंगों और हिंसा का शिकार होते रहना था। इस प्रकार की सच्चाई को समझने के उपरान्त भी कांग्रेस के नेता गांधीजी मुगलों के शासन काल को भारत के लिए पराधीनता का काल नहीं मानते थे।

अंग्रेजों ने मुस्लिमों को समझा दिया था...

भारत में मुस्लिम सांप्रदायिकता शासन द्वारा प्रायोजित होती रही थी। अंग्रेजों ने इस तथ्य को समझकर मुस्लिमों को अपना समर्थन प्रदान कर उन्हें यह बात धीरे से समझा दी कि वह अब भी हिन्दुओं के विरुद्ध अपनी साम्प्रदायिक नीति को यथावत जारी रख सकते हैं। मुस्लिमों को अपना मौन समर्थन देते हुए अंग्रेजों ने बड़ी सावधानी से मुस्लिम साम्प्रदायिकता को अब 'साम्प्रदायिक दंगे' कहना आरम्भ किया। इस प्रकार के साम्प्रदायिक दंगों में भी ऐसा आभास कराया गया है कि जैसे हिन्दू मुस्लिम दोनों ही इन दंगों के लिए दोषी होते हैं। उनमें भी अधिकतर ऐसा दिखाया गया कि जैसे हिन्दू ही दंगों के लिए दोषी था या दोषी होता है। यद्यपि इन साम्प्रदायिक दंगों का सर्वाधिक शिकार हिन्दू ही होता था।

कांग्रेस ने भारत की हिन्दू मुस्लिम समस्या को जिस प्रकार परिभाषित या स्थापित किया, कांग्रेस ने उसे वैसे ही ज्यों का त्यों स्वीकार कर लिया। क्योंकि कांग्रेस वास्तव में अंग्रेजों की मानस पुत्र संस्था थी। आज तक भी कांग्रेसी उसी इतिहास को 'ब्रह्मवाक्य' समझ कर पढ़ रहे हैं जो अंग्रेज भारत के सन्दर्भ में लिख गए थे। यही कारण है कि कांग्रेस की नेता सोनिया गांधी ने देश में जब साम्प्रदायिक हिंसा निषेध कानून लाने की बात सोची तो इसके पीछे उनकी मान्यता यही थी कि देश का बहुसंख्यक वर्ग ही ऐसा है जो अल्पसंख्यक वर्ग पर धार्मिक अत्याचार करता है। अतः सोनिया गांधी ने अपने उस कानून के माध्यम से हिन्दू समाज का दमन करने की योजना बनाई।

कांग्रेस की सोच ने किया विकृत इतिहास।
छद्मवाद के कारने कर दिया सत्यानाश।।

अंग्रेजों की इस चाल को या कहिए कि इस शब्दजाल को पकड़कर ही कुछ लोगों ने भारत में साम्प्रदायिकता या साम्प्रदायिक दंगों को केवल अंग्रेजों के समय से होना माना है। उनकी मान्यता है कि मुगलों के शासन काल में तो देश में सर्वत्र शान्ति की बयार बहती रही। उस समय कहीं पर भी कोई साम्प्रदायिक दंगा नहीं हुआ।

इस प्रकार अंग्रेजों ने भारत में मुसलमानों और हिन्दुओं के बीच पहले से ही स्थापित मज़हबी खाई को और चौड़ा करने का प्रयास किया। अंग्रेजों की यह नीति अपनी उपनिवेशवादी व्यवस्था को भारत में स्थापित किए रखने के दृष्टिकोण से उनके लिए बहुत महत्वपूर्ण थी।

हिन्दू लड़ते रहे अपने गौरव के लिए

भारत के हिन्दू समाज के नेता मुसलमानों की साम्प्रदायिकता से पहले दिन से ही दुःखी चले आ रहे थे। जिसके लिए वह रह रहकर विद्रोह और क्रान्ति किया करते थे। दुर्भाग्यवश जब वह शिवाजी के उत्तराधिकारियों के नेतृत्व में 1737 में मुगलों की सत्ता को देश से उखाड़ फेंकने में या उसे बहुत छोटे से क्षेत्र में सीमित करने में सफल हुआ तो लगभग उसी समय व्यापारी बनकर भारत आए अंग्रेजों ने भारत पर अपना राजनीतिक जाल फैलाना आरम्भकर दिया।

1757 ई0 में हुए प्लासी के युद्ध ने देश के इतिहास की दिशा मोड़ दी। हिन्दू समाज मुगलों की पराधीनता से अभी मुक्त हुआ ही था कि प्लासी के युद्ध ने धीरे-धीरे अंग्रेजों को भारत में राजनीतिक शक्ति के रूप में स्थापित करने का मार्ग प्रशस्त कर दिया। 1857 में

अंग्रेजों ने जब भारतवर्ष में अपने सौ वर्ष के शासन को स्थापित होने की खुशी में शताब्दी समारोहों का आयोजन करने की तैयारी आरम्भ की तो देश की हिन्दू शक्ति ने भी यह ठान लिया कि हम तुम्हें इस प्रकार के आयोजन नहीं करने देंगे। ध्यान रहे कि भारतवर्ष की हिन्दू शक्ति वही शक्ति थी जो मुगलों और तुर्कों को चैन से नहीं रहने देती थी तो अंग्रेजों को यह कैसे चैन से बैठने दे सकती थी?

अंग्रेजों ने उभारना आरम्भ किया मुस्लिमों को 1857 की क्रांति को अंग्रेजों ने प्रति क्रांति के माध्यम से कथित रूप से दबाने में सफलता प्राप्त की, परन्तु इसके पश्चात् उन्होंने देश में मुस्लिम साम्प्रदायिकता को और भी अधिक तीव्रता के साथ हवा देनी आरम्भ की। उन्हीं के सहयोग, समर्थन और प्रोत्साहन से सर सैयद अहमद खान ने सन् 1887 में भारत में द्विराष्ट्रवाद की वकालत करते हुए मुस्लिम साम्प्रदायिकता को तेज करने वाला भड़काऊ भाषण दिया।

अंग्रेजों ने मुस्लिमों की दंगा पसंद नीति को प्रोत्साहित करते हुए देश के प्रमुख प्रान्त बंगाल का साम्प्रदायिकता के आधार पर 1905 में विभाजन कर डाला अर्थात् मुस्लिम बहुल क्षेत्र को उन्होंने मुस्लिम बंगाल और हिन्दू बहुल बंगाल को हिन्दू बंगाल के नाम से बना दिया। यद्यपि कहने के लिए इन्हें पूर्वी और पश्चिमी बंगाल के नाम से पुकारा गया। देश की हिन्दू जनता ने इसका अपने तत्कालीन क्रान्तिकारी नेताओं के नेतृत्व में भारी विरोध किया, जिसके सामने अंग्रेजी सरकार को झुकना पड़ा।

यह केवल एक संयोग नहीं था कि सन 1905 में साम्प्रदायिकता के आधार पर बंगाल का विभाजन किया जाए और अगले ही वर्ष अर्थात् 1906 ई. में मुस्लिमों को अपनी आवाज उठाने के लिए एक राजनीतिक मंच अर्थात् मुस्लिम लीग के रूप में एक राजनीतिक दल प्रदान किया जाए? इस राजनीतिक दल की स्थापना अंग्रेजों द्वारा मुस्लिम साम्प्रदायिकता को हवा देने के लिए की गई थी। जिसका उद्देश्य मुस्लिमों को हिन्दुओं से अलग करना और धीरे-धीरे एक नया देश माँगने के लिए तैयार करना था।

इसके साथ ही मुस्लिम लीग की स्थापना कराकर अंग्रेजों ने मुस्लिमों को एक ऐसा मंच दे दिया जिसके माध्यम से वह अपनी बात को अंग्रेजों तक पहुँचा सकते थे। इस मुस्लिम मंच के लिए अंग्रेजों की सोच पहले दिन से ही उदार और सहयोगी रही। उन्होंने इसके नेताओं को इसकी स्थापना से पहले ही यह समझा दिया था कि आप अपनी माँगों को इस मंच के माध्यम से हमारे पास लाएंगे और हम उन्हें पूर्ण सरकारी संरक्षण और समर्थन देते हुए स्वीकार करेंगे। इससे स्पष्ट है कि मुस्लिम लीग की स्थापना के पीछे अंग्रेजों का यही उद्देश्य था कि मुस्लिम साम्प्रदायिकता को हवा देकर उसे उभारा जाए और भारत को तोड़ने की तैयारी की जाए।

इसके लिए यदि साम्प्रदायिक दंगे भी आवश्यक हों तो सरकारी संरक्षण में उन्हें कराए जाने के लिए भी अंग्रेजों और मुस्लिमों के बीच एक गुप्त समझौता हो गया अर्थात् सहमति बन गई। मुस्लिम लीग के नेता यदि देश भक्त होते और हिन्दुओं के साथ मिलकर रहने की उनकी सोच सही काम कर रही होती तो वह अंग्रेजों के संरक्षण और समर्थन से मुस्लिम लीग का निर्माण नहीं करते, बल्कि वह अंग्रेजों से कह देते कि हमारे हित हिंदुस्तान में पूर्णतया सुरक्षित हैं और हम इसे अपने लिए मादरे वतन मानते हैं। इसलिए आप हमारे साथ कोई भी ऐसा छल प्रपंच मत कीजिए जिससे हमारे देश की एकता और अखंडता खतरे में पड़े। पर उन्होंने ऐसा नहीं कहा। इतना ही नहीं 1945-46 में जब नेशनल असेंबली के चुनाव हुए तो उस समय देश के 93% मुसलमानों ने मुस्लिम लीग के समर्थन में अपने मत देकर यह स्पष्ट किया कि वे सब मुस्लिम लीग की पाकिस्तान की माँग से पूर्णतया सहमत हैं।

मुस्लिम लीग की सोच को दिया समर्थन मौन।
सारे जिन्ना हो गए, देश के संग था कौन?

इस प्रकार उस समय का मुस्लिम नेतृत्व ही नहीं बल्कि मुस्लिम मतदाता या जन समुदाय भी मुस्लिम लीग की विभाजनकारी नीतियों का समर्थन कर रहा था। कारण यही था कि वे सब हिन्दुओं को अपने लिए शत्रु मानते थे और उनके साथ रहना कतई उचित नहीं मानते थे। क्योंकि उनकी सोच में पूर्णतया मज़हब बसा हुआ था। अपनी इसी सोच से प्रेरित होकर वह हिन्दुओं के साथ दंगावादी सोच रखते थे और जब भी अवसर मिलता था तभी कहीं ना कहीं हिन्दुओं के विरुद्ध दंगा भड़का देते थे।

अपनी सोच को अंग्रेजों ने क्रियान्वित किया

अलिखित रूप से अंग्रेजों और मुसलमानों के बीच बनी उपरोक्त सहमति पर काम करते हुए वर्ष 1909 का मार्ले-मिंटो सुधार अंग्रेज अपनी इसी नीति के आधार पर लाए थे। उन्होंने आगे चलकर 'भारत सरकार अधिनियम' लागू किया और उसमें भी मुस्लिम साम्प्रदायिकता को प्रोत्साहित करने के हरसम्भव प्रयास किए। इन सारे अधिनियमों या सुधार कानूनों के अवलोकन से यह स्पष्ट हो जाता है कि मुसलमान और अंग्रेज दोनों ने मिलकर यह मन बना लिया था कि हिन्दू कोई ऐसी जाति है जिस पर उन दोनों को शासन करना चाहिए या उसे उत्पीड़ित करने का उन दोनों को समान अधिकार है। इस प्रकार भारत की ब्रिटिश उपनिवेशवादी व्यवस्था हिन्दू विनाशवादी व्यवस्था में परिवर्तित हो गई।

अंग्रेजों ने जब वर्ष 1932 में 'कम्यूनल अवॉर्ड' की घोषणा तो इससे भारत में मुस्लिम तुष्टिकरण का खेल आरम्भ हुआ। जिसे अंग्रेजों के जाने के बाद उनके मानस पुत्र नेहरू और उनकी पार्टी कांग्रेस ने यथावत जारी रखा। दुर्भाग्य से कांग्रेस मुस्लिम तुष्टिकरण की नीति को आज तक भी अपनाए हुए है। इससे भारत की राजनीति के साम्प्रदायिकरण की प्रक्रिया बड़ी तेजी से प्रारम्भ हुई, जो आज भी जारी है।

जिन्ना जैसे नेता को भारत हिन्दू विरोधी से राष्ट्र विरोधी बनाने का काम भी साम्प्रदायिकता ने ही किया। यद्यपि वह एक हिन्दू परिवार में जन्मा था, पर जब इस्लाम की साम्प्रदायिकता का रंग उस पर चढ़ा तो वह न केवल हिन्दू विरोधी हो गया बल्कि देश विरोधी होकर देश के तोड़ने की ही माँग 1940 के लाहौर अधिवेशन में अपनी पार्टी मुस्लिम लीग के मंच से कर बैठा।

जब बंगाल के मुख्यमंत्री सोहरावर्दी ने 16 अगस्त 1946 को 'सीधी कार्यवाही दिवस' का आयोजन कर साम्प्रदायिक दंगों के माध्यम से हिन्दुओं का सामूहिक नरसंहार कराया तो उस समय उसे न केवल मुस्लिम लीग का समर्थन प्राप्त था अपितु अंग्रेजों का समर्थन भी प्राप्त था। इतना ही नहीं कांग्रेस के नेता गांधी भी उससे बहुत अधिक असहमत नहीं थे और मुस्लिम तुष्टिकरण की घिनौनी राजनीति करते हुए लगभग इस कुकृत्य पर अपनी सहमति ही दे बैठे थे। इस प्रकार कांग्रेस ने उस समय हिन्दू विरोधी आचरण करते हुए अपने आपको राष्ट्र विरोधी भी सिद्ध किया। क्योंकि इस देश के बारे में यह सर्वमान्य सत्य है कि जो व्यक्ति, शासक या समुदाय हिन्दू विरोधी होता है, वह राष्ट्र विरोधी स्वयं ही हो जाता है।

स्वतन्त्रता प्राप्ति के पश्चात् मुस्लिम साम्प्रदायिकता

वर्ष 1947 में भारत का विभाजन हुआ तो यह केवल और केवल मुस्लिम साम्प्रदायिकता के कारण हुआ था। यद्यपि भारत से द्वेष रखने वाले इतिहासकारों और लेखकों ने मुसलमानों की साम्प्रदायिकता और दंगा भड़काने की नीति का विरोध करने वाले उस समय के क्रान्तिकारी और हिन्दूवादी नेताओं के आचरण में भी हिन्दू साम्प्रदायिकता के बीज खोजने का अतार्किक और राष्ट्र विरोधी कार्य किया। उन्होंने ऐसा मुस्लिम साम्प्रदायिकता के प्रति अंग्रेजों और कांग्रेस की सोच के साथ अपनी सहमति बनाकर चलते हुए किया। यही प्रवृत्ति वामपंथियों और कांग्रेसियों के भीतर आज भी देखी जा सकती है।

मुस्लिम साम्प्रदायिकता का विरोध करना भी इन लोगों की दृष्टि में एक पाप है या कहिए कि उसे भी हिन्दू साम्प्रदायिकता की संज्ञा दी जाती है। कारण है कि हिन्दूवादी

संगठनों और दलों को ये लोग आज भी हिन्दू साम्प्रदायिक शक्तियों के नाम से पुकारते हैं। अपनी इसी मानसिकता के चलते आईएएस की तैयारी करने वाले विद्यार्थियों के लिए भी इन लोगों ने ऐसा पढ़ाना व समझाना आवश्यक समझा है कि भारत में साम्प्रदायिकता को विभिन्न राजनीतिक दल अपने राजनीतिक लाभों की पूर्ति के लिए अपनाते हैं।

इस एक वाक्य में ही वास्तविकता का गुड़ गोबर हो जाता है। क्योंकि इस दोगले वाक्य में आईएएस की तैयारी कर रहे विद्यार्थी को ऐसा लगता है कि जैसे हिन्दू संगठन और मुस्लिम संगठन दोनों ही साम्प्रदायिक होते हैं। जबकि व्यावहारिक सत्य यह है कि इस्लाम की राष्ट्रघाती गतिविधियों और साम्प्रदायिक सोच पर नियंत्रण रखने के लिए हिन्दूवादी शक्तियाँ मैदान में काम कर रही होती हैं। मुस्लिम साम्प्रदायिक शक्तियाँ या संगठन या आतंकी दल आज के समय में समझिए कि बाबर और औरंगजेब के कार्य को पूरा कर रहे हैं। जबकि हिन्दूवादी संगठन आज के समय में महाराणा प्रताप और शिवाजी की भूमिका में हैं, जो देश की विघटनकारी शक्तियों से लोहा ले रहे हैं और इस बात को सुनिश्चित कर रहे हैं कि इस देश का फिर से किसी भी स्थिति में विभाजन न होने पाए।

राष्ट्र हिते की बात को कहें भगवा उत्पात।
देशभक्त लगते बुरे, बुरी हैं उनकी बात।।

जिस प्रकार हिन्दू इतिहास के महाराणा प्रताप और शिवाजी जैसे महान योद्धाओं को उपेक्षा और घृणा की दृष्टि से देखा जाता है, उसी दृष्टिकोण को देश के तथाकथित धर्मनिरपेक्षतावादी दल और संगठन आज के हिन्दूवादी संगठनों और उनके नेताओं को देखते हैं। वास्तव में जिस प्रकार अपराधियों का राजनीतिकरण ना करके राजनीति का अपराधीकरण कर दिया गया है वैसे ही साम्प्रदायिकता का राजनीतिकरण न करके राजनीति का ही साम्प्रदायिकरण इन छद्म धर्मनिरपेक्षतावादी संगठनों या राजनीतिक दलों ने कर दिया है।

भारत के धर्मनिरपेक्ष दलों का दोगलापन

देश का कोई भी धर्मनिरपेक्षतावादी नेता यह नहीं कहता कि इस्लामिक मूलतत्ववाद ही भारत में साम्प्रदायिकता और दंगों का एकमात्र कारण रहा है। इस्लाम के विद्वानों की ओर से भी ऐसी कभी कोई अपील अपने लोगों से नहीं की जाती कि वह इस्लामिक मूलतत्ववाद अर्थात् दारुल हरब और दारुल इस्लाम की संकीर्णता से बाहर निकलें और भारत को अपना देश मानकर इसकी उन्नति के लिए काम करें। इस सच से आँखें फेरकर ये

सभी राजनीतिक दल और इस्लाम के तथाकथित बुद्धिवादी चिंतक लोग देश के लोगों को भ्रमित करने का प्रयास करते हुए यह कहते हैं कि आतंकवाद या मुस्लिम साम्प्रदायिकता का सहारा वे लोग ले रहे हैं जो गरीबी, असमानता और अशिक्षा के शिकार हैं। शेष मुस्लिम समाज का इनसे कोई सम्बन्ध नहीं है।

यदि गरीबी, असमानता और अशिक्षा के इन तथाकथित कारणों पर विचार किया जाए तो इनके बारे में भी यह कहा जा सकता है कि इन तीनों को भी मुस्लिम समाज ने अपने लिए एक अभिशाप के रूप में स्वयं ही पैदा किया है। क्योंकि अधिक जनसंख्या पैदा करना गरीबी, अशिक्षा और असमानता को पैदा करता है। जिसमें मुस्लिम समाज लगा हुआ है। इसके अतिरिक्त मज़हबी शिक्षा से बाहर निकलकर आधुनिक शिक्षा को न अपनाना भी इस्लाम के लोगों ने अपना विशेषाधिकार मान लिया है। मुस्लिम समाज के लोगों द्वारा जब यह संकल्प ही ले लिया गया है कि हम ना तो आधुनिक शिक्षा लेंगे, ना ही बच्चे कम पैदा करेंगे और ना ही राष्ट्र की मुख्यधारा के साथ मिलकर चलेंगे तो समाज में असमानता, गरीबी और अशिक्षा को पैदा करने वाला कौन हुआ? इसे सहज ही समझा जा सकता है।

हमारा मानना है कि सरकार को विद्यालयों के पाठ्यक्रम में आमूलचूल परिवर्तन करना चाहिए। देश के वीर शहीदों, क्रांतिकारियों और उन इतिहासनायकों को आज के विद्यार्थियों को पढ़ाना चाहिए जो देश के लिए समर्पित होकर इस्लामिक शासन में और उसके पश्चात् ब्रिटिश शासन में काम करते रहे। आतंकवादी, देशद्रोही और देशविरोधी लोगों को इतिहासनायक के रूप में स्थापित करने की कांग्रेसी मानसिकता को अब विदा कहना चाहिए।किसी भी प्रकार की मुस्लिम तुष्टिकरण की नीति को त्यागकर देशहित में जो उचित हो, उसे करने की दिशा में निर्णय लिए जाने चाहिए।

इसके लिए इस्लाम के बुद्धिवादियों को भी पहल करनी चाहिए। देश के निर्माण में अपना योगदान सुनिश्चित करने के लिए सकारात्मक सोच और सकारात्मक ऊर्जा के साथ उन्हें मैदान में उतरना चाहिए। कई बार ऐसा भी देखा गया है कि मुसलमानों में से कुछ लोग मुसलमानों को ही गलत कहने के लिए आगे तो आ जाते हैं परन्तु उन्हें धर्मनिरपेक्ष राजनीतिक दलों की ओर से उचित समर्थन और संरक्षण प्राप्त नहीं होता। जिससे वह अपने आपको दुर्बल अनुभव करते हैं। ऐसे में यह भी आवश्यक है कि ऐसे लोगों को सरकार और सामाजिक संगठनों की ओर से भी पूर्ण समर्थन प्राप्त होना चाहिए। उन्हें प्रोत्साहित किया जाना चाहिए कि वह अपनी अच्छी और सच्ची बात को बेलाग होकर कहें।

❒

अध्याय-11

विद्वानों की दृष्टि में मुस्लिम सांप्रदायिकता

इस्लाम के बारे में अनवर शेख का कहना है कि:-

"इस्लामी संस्कृति अरब साम्राज्यवाद का एक विस्तार मात्र है। जिसने कि गैर अरबी मुसलमानों की राष्ट्रीय पहचान को इस हद तक कम कर दिया है कि वे अपने को भारतीय, पाकिस्तानी, ईरानियन या अफगानी की जगह अरब परंपराओं से जुड़े केवल मुसलमान नाम से कहलाना पसंद करते हैं। इस प्रकार वे इस्लाम के नाम पर आसानी से उत्तेजित हो, वह सब करने को तैयार हो जाते हैं जो कि सामान्यतया नहीं करेंगे। इसके अतिरिक्त प्रत्येक मुसलमान का यह धार्मिक कर्तव्य है कि वह गैर मुसलमानों पर शासन करें। जिसके कारण यह संस्कृति अत्यंत आक्रामक हो जाती है।

आक्रामक संस्कृति होने के कारण इस्लाम प्रजातंत्र विरोधी है। ऐसा इसलिए है कि इस्लाम में सरकार पर अधिकार अल्लाह का होता है। मनुष्य को उसके और मोहम्मद के बनाए नियमों को बिना किसी प्रश्न पूछे निश्चय ही पालन करना चाहिए। भले ही वह कितने भी अप्रासंगिक और पुराने क्यों न हों? निरंकुशता सदैव आक्रामकता का आधार होती है। इस्लाम की एक विभिन्नता यह भी है कि यह हिंसा को गौरवान्वित करता है और गैर मुसलमानों की हत्या, लूट तथा उनकी स्त्रियों के अपहरण को अल्लाह, जो सर्वशक्तिमान होने का दावा करता है, के नाम को फैलाने के लिए स्वीकृत करता है। फिर भी वह उसकी महिमा गाए जाने के लिए मनुष्य पर निर्भर रहता है। वह अपने को सबसे दयालु भी कहता है। पुनश्च वह उन लोगों पर सबसे नीचतम अत्याचार करने की अनुमति देता है, जो कि उसे दैवी मानने को तैयार नहीं हैं। हत्या, बलात्कार, लूट, अपहरण आदि सबसे निकृष्ट प्रकार के नैतिक दुराचरण हैं। इसके उपरान्त भी अल्लाह इन्हें मुजाहिद लोगों के लिए श्रेष्ठ कर्म की मान्यता देता है। जो कि गैर मुसलमानों को इस्लाम रूपी जुए में जोत देता है, यानी कि

उन्हें मुसलमान बना देता है। सामान्य मनुष्य इस प्रकार की नैतिकता से आश्चर्यचकित रह जाता है, जो कि आक्रमण को उकसाने के लिए खोजी गई है। एक मुसलमान इसे 'जेहाद' यानी पवित्र युद्ध कहता है, चाहे यह कितना भी कितनी भी पवित्रता के साधनों और तरीकों से क्यों न लड़ा जाए।"

(इस्लाम, पृष्ठ-57,58)

जहां सांप्रदायिकता आ जाती है, वहां लोकतंत्र मर जाता है। इसका कारण यह है कि सांप्रदायिकता तार्किकता और सर्व संप्रदाय समभाव में विश्वास नहीं रखती, जबकि लोकतंत्र तार्किकता और सर्व संप्रदाय समभाव का समर्थक है। जहां हत्या, लूट, डकैती, बलात्कार जैसे जघन्य अपराधों को भी एक वर्ग के लिए जन्नत मिलने का निश्चायक प्रमाण माना जाता हो, अथवा मृत्यु के पश्चात हूरों के साथ भोग विलास करने का प्रमाण पत्र माना जाता हो, वहां पर धर्म की बात सोचना चील के घोंसले में मांस ढूंढने जैसा होता है। इस्लाम के साथ यही समस्या है कि उसके किसी अनुयायी को मरने से पहले मरने के उपरांत के सपने दिखाए जाते हैं। जिसमें वह जितना ही अधिक गैर मुसलमानों के साथ अत्याचार करेगा, उतना ही उसे परलोक बनाने का अथवा हूरों के साथ भोगविलास करने का अधिकार मिलता जाएगा।

योगीराज श्री अरविंद का मत हैं..

योगीराज श्री अरविंद ने इस्लाम के बारे में अपने विचार व्यक्त करते हुए कहा- "तुम एक ऐसे धर्म के साथ तो सौहार्दपूर्णता के साथ रह सकते हो, जिसका सिद्धांत सहिष्णुता हो, परंतु ऐसे धर्म के साथ शांति से रहना कैसे संभव हो सकता है जिसका सिद्धांत ही यह हो कि 'मैं तुम्हें सहन नहीं करूंगा?' तुम ऐसे लोगों (मुसलमानों) के साथ कैसे एकता स्थापित कर सकते हो? निश्चय ही हिंदू -मुस्लिम एकता इस आधार पर स्थापित नहीं हो सकती है कि मुसलमान तो हिंदुओं का लगातार धर्मांतरण करते रहें जबकि हिंदू किसी मुसलमान को धर्मांतरित न करें।"

(संदर्भ : 23 /7/ 1923, के वार्तालाप से ए.वी. पुरानी की इवनिंग टॉक्स श्री अरविंद पृष्ठ -241)

- योगी अरविंद जी का दृष्टिकोण बहुत व्यावहारिक और व्यापक था। उन्होंने इस्लाम के इस मूल तत्व को भली प्रकार समझ लिया था कि यह धर्म चाहे कितने ही शांति के उपदेश देता हो, परन्तु इसकी वास्तविकता यह है कि यह दूसरों के साथ रहना पसंद नहीं करता। इसका शांतिपूर्ण सह-अस्तित्व में विश्वास नहीं है। इसके विपरीत यह शांतिपूर्ण सह

अस्तित्व का नाटक करते हुए दूसरे की जड़ खोदते-खोदते धीरे-धीरे उसे समाप्त कर देना चाहता है और इसके उपरान्त अपना पूर्ण वर्चस्व स्थापित करना इसका अंतिम लक्ष्य है। इसलिए यह निरंतर गैर मुसलमानों का धर्मांतरण करने की प्रक्रिया में लगा रहता है। ऐसी स्थिति में यदि हिंदू समाज इस्लाम की इस प्रकार की नीति से आंखें बंद करके बैठता है तो समझो वह आत्म विनाश की ओर जा रहा है। इस्लाम ने अपनी इस नीति को पहले दिन से अपने व्यावहारिक जीवन में लागू किया। भारत के स्वाधीनता आंदोलन में भी उसकी यही नीति थी। उसे हिंदू समाज के साथ न तो बैठना था और न उसने बैठने का कभी प्रयास किया। उसकी सांप्रदायिकता निरंतर यथावत बनी रही। गांधी जी को अरविंद जी के इस विचार से शिक्षा लेनी चाहिए थी। परंतु दु:ख के साथ कहना पड़ता है कि गांधी जी ने इस्लाम के बारे में कभी इस वास्तविकता को न तो समझा और न ही समझने का प्रयास किया।

सावरकर जी का मत

विनायक दामोदर सावरकर मुसलमानों की वास्तविकता को भली प्रकार जानते थे। उनका स्पष्ट मत था कि स्वाधीनता मिलने के उपरांत भी इस सम्प्रदाय के मानने वाले लोगों से विशेष सावधानी अपनाने की आवश्यकता है। क्योंकि इसका भारतीय राष्ट्रवाद से कोई लेना देना नहीं है। वास्तविकता यह है कि भारतीय राष्ट्रवाद इसके लिए इस्लामिक मूलतत्ववाद के दृष्टिकोण से एक बड़ी बाधा है, जो इसे भारत को इस्लामिक राज्य बनाने से रोकती है। इस प्रकार इस्लाम का मूलतत्ववाद जो भारत को या तो मुस्लिम स्टेट में परिवर्तित कर देना चाहता है या फिर अपने लिए एक अलग देश चाहता है, वह भारत के शांतिपूर्ण हिंदू समाज के साथ कभी समन्वय स्थापित नहीं कर सकता। यह साथ रहकर के भी छल करने की नीति में विश्वास करता है।

विनायक दामोदर सावरकर ने 1939 में कहा था- "पारसी ईसाई आदि भारत के लिए कोई समस्या नहीं हैं। जब हम स्वतंत्र हो जाएंगे, तब इन्हें बड़ी सरलता से हिन्दी नागरिक की श्रेणी में लाया जा सकेगा, किंतु मुसलमान के बारे में बात दूसरी है। जब कभी इंग्लैंड भारत से अपनी सत्ता हटा लेगा, तब भारतीय राज्य के प्रति देश के मुसलमान भयप्रद सिद्ध हो सकते हैं। हिंदुस्तान में मुस्लिम राज्य की स्थापना करने की अपनी धर्मांध योजना को अपने मन मस्तिष्क में संजोए रखने की मुस्लिम जगत की नीति आज भी बनी हुई है।"

(30 दिसंबर 1939 को हिंदू महासभा का अध्यक्षीय भाषण)

डॉ. भीमराव अंबेडकर

"इस्लाम का दूसरा अवगुण यह है कि यह सामाजिक स्वशासन की एक पद्धति है और स्थानीय स्वशासन से मेल नहीं खाता। क्योंकि मुसलमानों की निष्ठा जिस देश में भी वे रहते हैं, उसके प्रति नहीं होती अपितु वह उस धार्मिक विश्वास पर निर्भर करती है, जिसका कि वह एक भाग है। एक मुसलमान के लिए इसके विपरीत या उल्टे सोचना अत्यंत दुष्कर है। जहां कहीं इस्लाम का शासन है, वहीं उसका अपना विश्वास है। दूसरे शब्दों में इस्लाम सच्चे मुसलमान को भारत को अपनी मातृभूमि और हिंदुओं को अपना निकट संबंधी मानने की अनुमति नहीं देता। संभवत: यही कारण था कि मौलाना मुहम्मद जैसे एक महान भारतीय परंतु सच्चे मुसलमान ने अपने शरीर को हिंदुस्तान के बजाय यरुशलम में दफनाया जाना अधिक पसंद किया।" (संदर्भ: 'पाकिस्तान और भारत का विभाजन' पृष्ठ 337)

- डॉ. अंबेडकर जी ने भी इस्लाम के विषय में जो कुछ लिखा है, वह सत्य लिखा है। कोई भी ऐसा मुसलमान जो पहले हिंदू था और अब मुसलमान हो गया है-जैसे ही वह हिंदू से मुसलमान बनता है, उसके विषय में सच्चाई यही है कि वह तुरंत भारत का एक शत्रु बन जाता है। अभी कल परसों तक उसका एक अपना हिंदू परिवार था, अपना एक समाज था, अपने देवी -देवताओं के प्रति उसकी निष्ठा थी, वेद आदि धर्म शास्त्रों के प्रति उसकी निष्ठा थी, परंतु वह इन सारी निष्ठाओं को एक झटके में तोड़कर काबा से जुड़ जाता है। इतना ही नहीं, वह अपने सारे संबंध समाप्त कर अपने पूर्व संबंधियों के प्रति कट्टर हो जाता है। यदि उसे अपने ही लोगों की हत्या करने के लिए कहा जाए तो वह इसके लिए भी बड़ी सहजता से तैयार हो जाता है। इस प्रकार उसके मन मस्तिष्क में घृणा और हिंसा फैल जाती है। जिसकी क्रूर अभिव्यक्ति देने में उसे तनिक भी देर नहीं लगती। ऐसी परिस्थितियों में इस्लाम को मानने वाले लोगों से भाईचारे की अपेक्षा करना उचित नहीं है। हम सभी जानते हैं कि डॉ. अंबेडकर भारतीय स्वाधीनता आंदोलन के एक महत्वपूर्ण नेता थे। उन्होंने घटनाओं को बड़ी निकटता से देखा। घटनाक्रम को बड़ी गंभीरता से समझा। कौन सा पक्ष कितना गलत है, कितना सही है? -इसका भी उन्होंने अपनी विवेक शक्ति से भली प्रकार विवेचन किया, इसलिए उनके इस मत को सहजता से उपेक्षित नहीं किया जा सकता।

स्वामी श्रद्धानंद जी के 'शुद्धि आंदोलन' पर मुसलमानों की ओर से कड़ी प्रतिक्रिया आ रही थी। मौलाना अब्दुल बारी नाम का एक मुसलमान 'खिलाफत आंदोलन' के लिए हिंदुओं की सहायता प्राप्त करने के दृष्टिकोण से कभी गौ हत्या बंद करने की बातें किया करता था, परंतु जब स्वामी श्रद्धानंद जी ने गांधी जी की दोगली नीतियों से दु:खी होकर कांग्रेस छोड़ी और उन्होंने देख लिया कि हिंदू समाज को बचाना इस समय उनके

लिए सबसे बड़ी प्राथमिकता है, तब यही मौलाना अब्दुल बारी स्वामी जी के विरुद्ध विष उगलने लगा। उसने कहा कि "हम सांपों और बिच्छुओं के साथ रह सकते हैं, किंतु उन लोगों के साथ जो इस्लाम धर्म को छोड़ देते हैं या जो उनको इसके लिए प्रेरित करते हैं, हमारा सह अस्तित्व संभव नहीं है।"

जब इस मौलाना की इस प्रकार की बातों की शिकायत गांधी जी के पास पहुंची तो गांधीजी ने भी कह दिया कि "मैं तो अब्दुल बारी को खुदा का 'निष्पाप शिशु' समझता हूं।" इतना ही नहीं, गांधी जी स्वामी श्रद्धानंद जी के साथ-साथ आर्य समाजियों को झगड़ालू भी कहते रहे और आर्य समाज के संस्थापक स्वामी दयानंद जी को भी अपनी निन्दा का पात्र बनाते रहे। जिसके कारण आर्य समाज के लोगों में गांधी जी के प्रति रोष पैदा हुआ। स्वामी श्रद्धानंद जी ने भी स्पष्ट कर दिया कि यदि मुसलमान हिंदुओं के धर्मांतरण की प्रक्रिया को छोड़ दें तो वह भी अपने 'शुद्धि आंदोलन' को बंद करने पर विचार कर सकते हैं। मुसलमानों ने स्वामी श्रद्धानन्द जी के उपरोक्त प्रस्ताव को न तो मानना था और न ही माना।

तब स्वामी श्रद्धानन्द जी की हत्या कर दी गई। इस पर डॉ. बी.आर.अंबेडकर ने गांधी जी के व्यवहार से दु:खी होकर लिखा:- "मुसलमानों द्वारा हिंदुओं के विरुद्ध घोर अत्याचार किए जाने पर गांधी जी ने (हिंदू -मुस्लिम एकता प्राप्त करने के लिए) कभी भी उनसे जवाब तलब नहीं किया... मुसलमानों के नेताओं ने तो खैर इन हत्यारों की घोषणा की ही नहीं, अपितु उल्टे उन्हें 'धार्मिक शहीद' कहकर उनकी प्रशंसा की। उन पर शासन द्वारा दया बरतने के लिए आंदोलन किया। उदाहरण के लिए लाहौर के बैरिस्टर बरकत अली (नथुरामल शर्मा की सितंबर सन 1934 में हत्या के अपराधी) ने अब्दुल कयूम की अपील पर बहस करते हुए कहा कि कुरान के कानून के अनुसार यह हत्या नितांत उचित थी। इसलिए उसे हत्या का दोषी माना ही नहीं जा सकता। मुसलमानों का यह रवैया तो बुद्धिगम्य था, किंतु मि. गांधी का व्यवहार तो कतई भी बुद्धिगम्य नहीं था।... मि. गांधी ने मुस्लिम नेतृत्व से इन हत्याओं की निंदा करने के लिए कभी अनुरोध नहीं किया अपितु स्वयं भी उनके मूकदर्शक बने रहे। ('मुस्लिम राजनीतिक चिंतन और आकांक्षाएं' लेखक पुरुषोत्तम योग, अमर स्वामी प्रकाशन विभाग गाजियाबाद)

इसी पुस्तक से हमें पता चलता है कि जब कम्युनल अवार्ड पर कांग्रेस ने एक वक्तव्य देकर कहा कि 'हम कम्युनल अवार्ड को न मंजूर करते हैं न नामंजूर करते हैं' तो इसका अभिप्राय यही था कि कांग्रेस ने कम्युनल अवार्ड को स्वीकार कर लिया था। जिसका सीधा प्रभाव यह आना था कि इस अवार्ड के लागू होने पर मुसलमानों को लाभ होना था और हिंदुओं को हानि उठानी थी।

इस पर डॉ. अंबेडकर ने कहा "वह हिंदू प्रान्तों में निर्वाचक मंडलों के प्रश्न पर मुस्लिम अल्पसंख्यकों को आत्मनिर्णय का अधिकार देता है, लेकिन मुस्लिम प्रान्तों में हिंदू अल्पसंख्यकों को वही अधिकार नहीं देता। हिंदू प्रान्तों में मुस्लिम अल्पसंख्यकों को अनुमति दी गई है कि वह मनोनुकूल निर्वाचक मंडल चुन सकते हैं और हिंदू बहुसंख्यकों को इसके बारे में कुछ कहने की अनुमति नहीं दी गई, परन्तु मुस्लिम प्रान्तों में मुस्लिम बहुसंख्यकों को यह अनुमति दी गई है कि वह मनोनुकूल प्रकार के निर्वाचक मंडल को चुन सकें और हिंदू अल्पसंख्यकों को इस संबंध में कुछ कहने की अनुमति नहीं दी जाती है। इस प्रकार मुसलमानों को मुस्लिम प्रान्तों में वैधानिक बहुमत और पृथक निर्वाचक मंडल दोनों ही दे दिए गए हैं। इस प्रकार कहा जा सकता है कि सांप्रदायिक पंचनिर्णय (कम्युनल अवार्ड) हिंदू अल्पसंख्यकों पर मुस्लिम शासन लादता है। जिससे वह न तो बदल सकते हैं और न ही प्रभावित कर सकते हैं।"

कितनी लज्जा की बात है कि जब शासन सीधे मुसलमानों का पक्ष लेकर हिंदुओं पर अत्याचार कर रहा था, तब भी कांग्रेस सांप्रदायिक।पंचनिर्णय को स्वीकार कर रही थी? यानी फिर 'घाटे का सौदा' उठा रही थी।

गुरू नानक क्या कहते हैं?

गुरु नानक ने इस्लाम की वास्तविकता को अपनी आंखों से देखा। उन्होंने देखा कि किस प्रकार इस्लाम को मानने वाले लोग हिंदुओं पर भांति-भांति के अत्याचार कर रहे हैं? तब उन्होंने कहा- "सैय्यद, शेख, मुगल,पठान आदि सभी बहुत निर्दयी हो गए थे और वे हिन्दुओं को भीषण यातनाएँ दे रहे थे। उन्होंने हिन्दुओं को गिद्ध आदि माँसभक्षी पक्षियों के आगे डाल दिया। अनेक (हिन्दुओं) को उनके शरीरों में कीलें ठोंक कर मार डाला गया। अन्य अनेक हिन्दुओं को कुत्तों से नुचवाकर मरवा दिया गया। जिन्होंने इस्लाम में धर्मान्तरित होना स्वीकार नहीं किया, उन्हें अन्य अनेक प्रकार से यातनाएँ दी गईं। यज्ञ और हवन करने पर प्रतिबंध लगा दिया गया और जिन्होंने इस आज्ञा का उल्लंघन किया उन्हें क्षमा माँगनी पड़ी। हिन्दुओं की सुन्दर स्त्रियों का अपहरण किया गया और उन्हें जबरदस्ती मुसलमानों के घरों में रखा गया। न्यायाधीशों ने रिश्वत लेकर अपने निर्णयों द्वारा सच को झूठ में बदल दिया।"

(नानक प्रकाश तथा प्रेमनाथ जोशी की पुस्तक 'पैन इस्लामिज़्म रौलिंग बैक' पृ. 80)

गुरु नानक के काल से लेकर गांधी के काल तक मुसलमानों में कोई परिवर्तन नहीं आया था। उनकी क्रूरता और गैर मुसलमानों पर अत्याचार करने की निर्दयी भावना

यथावत थी। वे अपनी मान्यताओं और मज़हबी शिक्षाओं से टस से मस नहीं हुए थे। इसके उपरांत भी गांधी जी उन पर विश्वास करके चल रहे थे। गांधी जी को विश्वास था कि मुसलमान अपनी शिक्षाओं को छोड़कर और देश की वास्तविकताओं को समझकर गैर मुसलमानों के साथ चलने का निर्णय लेंगे। इसके लिए गांधीजी अपने ही राष्ट्र प्रेमी लोगों की आलोचना या निन्दा करने से भी बाज नहीं आ रहे थे।

राजा राममोहन राय का मत

राजा राममोहन राय ने भी मुसलमानों के बारे में अपनी यथार्थ जानकारी लोगों के सामने प्रस्तुत की। उन्होंने इस बात को भली प्रकार समझ लिया था कि कोई भी मुसलमान कुरान की उन आयतों के विपरीत आचरण नहीं कर सकता जो प्रत्येक मुसलमान को गैर मुसलमानों के प्रति दुर्व्यवहार करने के लिए प्रेरित करती हैं। उन्होंने इस बात को गहराई से समझा कि कोई भी मुसलमान इन आयतों के अनुसार जब आचरण करता है तो वह गैर मुसलमानों के प्रति हिंसक हो जाता है। इस प्रकार सारे विवाद की जड़ कुरान की ये आयतें हैं।

इसीलिए इस्लाम को लेकर राजा राममोहन राय का कथन है कि- "मुसलमानों ने हिन्दुओं पर अत्यधिक अत्याचार किए हैं और विशेषकर ब्राह्मणों पर क्योंकि वे लागातार हिन्दू धर्म में अडिग बने रहे और उन्होंने मुसलमानों द्वारा अकथनीय अत्याचारों और मृत्यु दण्ड की धमकियों के बावजूद भी अपने धर्म को नहीं त्यागा। मुसलमानों ने यह मान रखा है कि उनके लिए कुरान की आयतें अल्लाह का हुक्म है और उन्होंने निश्चित कर रखा है कि उनके लिए यह अल्लाह का आदेश है कि वे मूर्तिपूजकों (हिन्दुओं) को यातनाएँ दें और उनकी हत्या करें। मुसलमानों के अनुसार 'सब मूर्तिपूजकों (हिन्दुओं) में से ब्राह्मण सबसे नीच हैं। यही कारण है कि मुसलमान धर्मान्ध हो गए और उन्होंने गैर-मुस्लिमों (हिन्दू, बौद्ध, ईसाई आदि) को धार्मिक उन्माद में मारने में कोई कमी नहीं रखी।"

(संदर्भ: राजा राममोहन रॉय के सम्पूर्ण वाङ्मय, पृ. 726-727)

स्वामी दयानंद जी का मत

स्वामी दयानंद जी महाराज पहले महामानव थे, जिन्होंने देश की स्वाधीनता के खो जाने के कारणों पर गंभीरता से चिंतन किया। उन्होंने देखा कि जहां हमारे समाज में आया हुआ पाखंड और अंधविश्वास देश की स्वाधीनता के खो जाने का एक महत्वपूर्ण कारण है, वहीं इस्लाम की नीतियां भी इसके लिए बहुत अधिक जिम्मेदार हैं। उन्होंने यह भी

अनुभव किया कि कुरान की विवादित आयतों के कारण ही देश में बार-बार सांप्रदायिक दंगे होते हैं। शांति भंग होती है। इन आयतों के कारण ही इस्लाम को मानने वाला प्रत्येक व्यक्ति समाज और संसार में लूट के खेल में लगा हुआ है। यदि इन आयतों पर प्रतिबंध लग जाए या इसे इस्लाम को मानने वाले लोग अपने आप ही अपनी पुस्तक से निकाल दें तो समाज में शांति-व्यवस्था स्थापित हो सकती है। स्वामी जी ने इन आयतों के बारे में ' सत्यार्थ प्रकाश' में बहुत गंभीर चिंतन प्रस्तुत किया है। स्वामी जी पहले व्यक्ति थे, जिन्होंने इन आयतों के कारण समाज में होने वाले उपद्रवों और सांप्रदायिक दंगों की ओर संकेत किया और जिस प्रकार इस्लाम को मानने वाले लोग इस्लाम को 'शांति का धर्म' घोषित कर हिंदुओं का मूर्ख बना रहे थे, उसकी पोल खोलकर रख दी।

कुरान की आयतों (8 : 39, 41, पृ. 151-153) पर समीक्षा करते हुए स्वामी दयानन्द ने 'सत्यार्थ प्रकाश' में लिखा-"ऐसे अन्याय से लड़ने-लड़ाने वाला मुसलमानों के खुदा से भिन्न शान्ति-भंगकर्ता दूसरा कौन होगा? अब देखिए यह मज़हब कि अल्लाह और रसूल के वास्ते सब जगत् को लूटना-लुटवाना लुटेरों का काम नहीं है? और लूट के माल में खुदा का हिस्सेदार बनना जानो डाकू बनना है और ऐसे लुटेरों का पक्षपाती बनना खुदा अपनी खुदाई में बट्टा लगाता है। बड़े आश्चर्य की बात है कि ऐसा पुस्तक, ऐसा खुदा और ऐसा पैगम्बर संसार में ऐसी उपाधि और शान्ति भंग करके मनुष्यों को दुःख देने के लिए कहाँ से आया? जो ऐसे-ऐसे मत जगत् में प्रचलित न होते तो सब जगत आनन्द में बना रहता।"

(पृ. 573)

स्वामी विवेकानंद जी की घोषणा

स्वामी विवेकानन्द जी ने भी इस्लाम की सच्चाई को समझा और देखा कि कुरान कभी भी किसी मुस्लिम को गैर मुस्लिम के साथ मित्रता करने या उसके साथ भाईचारा निभाने के लिए प्रेरित नहीं करती। इसलिए वह कहते हैं- "मुहम्मदीय मत यानी इस्लाम अपने अनुयायी मुसलमानों को उन सभी लोगों को जान से मारने की अनुमति देता है जो कि उनके मत के नहीं हैं यानी गैर-मुसलमान हैं। कुरान में यह साफ लिखा है कि 'गैर-मुसलमानों की हत्या करो, यदि वे मुसलमान नहीं बन जाते हैं।' उनको आग में जला देना और तलवार के घाट उतार देना चाहिए।"

(विवेकानन्द वांग्मय खण्ड 2 पृ. 335)

इस्लाम की तलवार की नीति पर प्रहार करते हुए स्वामी विवेकानंद जी अन्यत्र लिखते

हैं "इस विषय (इस्लाम) में मुसलमान सबसे अलग थे। उन्होंने आगे बढ़ने का प्रत्येक कदम तलवार की धार से आगे बढ़ाया अर्थात एक हाथ में कुरान और दूसरे में तलवार, "कुरान स्वीकार करो या मौत इसके अतिरिक्त अन्य कोई विकल्प नहीं है।"

तुम इतिहास से जानते हो कि इससे उनकी कितनी आश्चर्यजनक सफलता रही। छः सौ वर्षों तक उन्हें कोई नहीं रोक सका (स्वामी जी का अभिप्राय है कि इस्लाम की वास्तविकता को समझकर हिंदू समाज को भी अपनी आलस्य और प्रमाद की स्थिति को त्यागना पड़ेगा)।

(28 जनवरी 1900, में कैलीफोर्निया में दिए गए भाषण से, खण्ड 2, पृ.69-70)"

"इस (इस्लाम) के विषय में आज मुसलमान सबसे अधिक निर्दयी और सम्प्रदायवादी हैं। उनका मुख्य सिद्धांत वाक्य है। "ईश्वर (अल्लाह) एक है और मुहम्मद उसका पैगम्बर है।" इसके अतिरिक्त सभी बातें न केवल बुरी हैं, अपितु उन्हें तुरंती नष्ट कर देना चाहिए। प्रत्येक स्त्री और पुरुष, जो इस सिद्धांत को पूरी तरह नहीं मानता है, उसे

क्षणभर की चेतावनी के उपरान्त मार देना चाहिए, प्रत्येक वस्तु जो इस प्रकार की पूजाविधि के अनुकूल नहीं है, उसे तुरन्त नष्ट कर देना चाहिए और प्रत्येक पुस्तक जो इसके अतिरिक्त कुछ और बातों की शिक्षा देती है, उसे जला देना चाहिए। पिछले पाँच सौ वर्षों में प्रशान्त महासागर से लेकर अंध महासागर तक सारे विश्व में लगातार रक्तपात होता रहा। यह है मुहम्मदवाद! फिर भी इन मुसलमानों में से ही, जहाँ कहीं कोई दार्शनिक व्यक्ति हुआ, उसने निश्चित ही इन अत्याचारों की निंदा की है।"

(सन्दर्भ: 3 फरवरी 1900, को पासाडेना में दिए गए भाषण से, खंड 4 : पृ. 126)

"भारत में विदेशी आक्रान्ताओं की, सैकड़ों वर्षों तक लगातार, एक के बाद एक लहर आती रही और भारत को तोड़ती और नष्ट-भ्रष्ट करती रही। यहाँ तलवारें चमकीं और 'अल्लाह के लिए लड़ो और जीतों' के नारों से भारत का आकाश गूंजता रहा। परन्तु ये बाढ़ें भारत के आदर्शों को बिना परिवर्तित किए, स्वतः ही धीरे-धीरे समाप्त होती गईं।"

(खंड 4 : पृ. 159)

"मुसलमानों के लिए यहूदी और ईसाई अत्यन्त घृणा के पात्र नहीं हैं। उनकी दृष्टि में वे कम-से-कम ईमान के आदमी तो हैं। परंतु ऐसा हिन्दू के साथ नहीं है। उनके अनुसार हिन्दू मूर्तिपूजक है व घृणास्पद 'काफ़िर' है। इसलिए वह इस जीवन में नृशंस हत्या के योग्य हैं और मरने के बाद उसके लिए शाश्वत नरक तैयार है। मुसलमान सुल्तानों ने काफ़िरों के

आध्यात्मिक गुरुओं व पुजारियों के साथ यदि कोई सबसे अधिक कृपा की तो यह है कि उन्हें किसी प्रकार अंतिम सांस लेने तक चुपचाप जी लेने की अनुमति दे दी। यह भी कभी-कभी बड़ी दयालुता मानी गई। यदि किसी मुस्लिम सुलतान का धार्मिक जोश असामान्य या कुछ अधिक होता तो 'काफिरों' के नरसंहार रूपी बड़े यज्ञ का तुरन्त ही प्रबंध किया जाता।"

(खं. 4 : 446)

"तुम जानते हो कि हिन्दू धर्म किसी को यातना नहीं देता। यह एक ऐसा देश है जहाँ कि सभी प्रकार के सम्प्रदाय शांति और सौहार्द के साथ रह सकते हैं। मुसलमान अपने साथ अत्याचार और नरसंहार लाए, परन्तु उनके आने से पहले तक यहाँ शान्ति बनी रही थी।"

(खण्ड 5 : पृ. 190)

"एक ऐसा मज़हब भी हो सकता है जो अत्यंत भयंकर शिक्षाएँ देता हो। उदाहरण के लिए मुहम्मदीय मत (इस्लाम) मुसलमानों को उन सबकी हत्या करने की अनुमति देता है जो कि उसके मतानुयायी नहीं हैं। ऐसा कुरान में स्पष्ट लिखा है कि "अविश्वासियों (गैर-मुसलमानों) को मार दें। यदि वे मुहम्मदीय यानी मुसलमान नहीं हो जाते हैं।" उन्हें अग्नि में झोंक देना और तलवार से काट देना चाहिए। अब यदि हम किसी मुसलमान से कहें कि ऐसा गलत है तो वह स्वाभाविक तौर पर तुरन्त पूछेगा कि "तुम ऐसा कैसे जानते हो? तुम कैसे जानते हो कि ऐसा ठीक नहीं है? मेरी धर्म पुस्तक (कुरान) कहती है कि ऐसा ठीक है।"

(17 नवम्बर, 1899 को लंदन में दिए भाषण में, प्रेक्टीकल वेदान्त, भाग 3 से)

यदि गांधी जी वास्तव में हमारे स्वाधीनता आंदोलन का नेतृत्व कर रहे थे और वह एकमात्र ऐसे नेता थे, जिनसे ऊपर कोई नहीं था तो उन्हें अपने पूर्ववर्ती या अपने समकालीन अन्य नेताओं, समाज सुधारकों और चिंतकों के उन विचारों को पढ़ना समझना चाहिए था जो इस्लाम के विषय में बहुत तथ्यात्मक रूप से हमें जानकारी दे रहे थे। परंतु गांधी जी ऐसा कुछ भी करने को तैयार नहीं थे। संभवतः उस समय के भारत का सबसे बड़ा दुर्भाग्य यही था, जो उसे निरंतर विभाजन की विभीषिका की ओर ले जा रहा था...?

❐

अध्याय-12

मुस्लिम साम्प्रदायिकता और कांग्रेस

मुसलमानों के हिन्दू विरोधी स्वभाव का अंग्रेजों ने पहले दिन से ही लाभलेना आरम्भ कर दिया था। अपनी इस नीति पर चलते हुए उन्होंने मुसलमानों के भारत विरोधी चरित्र का अपने निहित स्वार्थ में भरपूर प्रयोग किया। उन्होंने मुसलमानों को सरकारी संरक्षण देकर कई बार हिन्दुओं के विरुद्ध उकसा-उकसाकर साम्प्रदायिक दंगों को करवाया। जिससे कि हिन्दुओं को कुछ ऐसा लगे कि मुसलमान और अंग्रेज दोनों शक्तियाँ उनके विरुद्ध एक हो गई हैं और इन दोनों के मिल जाने से उनका अस्तित्व बच नहीं पाएगा।

जब जलियाँवाला बाग हत्याकांड हुआ तो अंग्रेजों ने उसके पश्चात् भी मुस्लिम साम्प्रदायिकता को अपने पक्ष में कर साम्प्रदायिक दंगों को भड़काया और मुसलमानों के प्रति अपनी पूर्ण सहानुभूति व्यक्त करते हुए हिन्दू को इस मोर्चे पर अकेलेपन का आभास कराने का प्रयास किया। इस साम्प्रदायिक दंगे से मुसलमानों का मनोबल बहुत बढ़ गया था। फलस्वरूप सन 1924 में कोहाट का साम्प्रदायिक दंगा हुआ, जिसमें हिन्दुओं को भारी क्षति उठानी पड़ी।

जून 1928 में सरदार भगतसिंह ने कोहाट के दंगों के बारे में 'किरती' में एक लेख लिखा था। इसमें उन्होंने लिखा था कि "भारत वर्ष की दशा इस समय बड़ी दयनीय है। एक धर्म के अनुयायी दूसरे धर्म के अनुयायियों के जानी दुश्मन हैं। अब तो एक धर्म का होना ही दूसरे धर्म का कट्टर शत्रु होना है। यदि इस बात का अभी यकीन न हो तो लाहौर के ताजा दंगे ही देख लें। किस प्रकार मुसलमानों ने निर्दोष सिखों, हिन्दुओं को मारा है और किस प्रकार सिखों ने भी वश चलते कोई कसर नहीं छोड़ी है।

यह मार-काट इसलिए नहीं की गयी कि फलाँ आदमी दोषी है, वरन् इसलिए कि फलाँ आदमी हिन्दू है या सिख है या मुसलमान है। बस किसी व्यक्ति का सिख या हिन्दू होना

मुसलमानों द्वारा मारे जाने के लिए काफी था और इसी तरह किसी व्यक्ति का मुसलमान होना ही उसकी जान लेने के लिए पर्याप्त तर्क था।"

पाकिस्तान का संस्थापक मोहम्मद अली जिन्ना यह भली प्रकार जानता था कि अंग्रेज उसे अपने स्वार्थों के लिए किस प्रकार प्रयोग कर रहे हैं, परन्तु वह एक अपने बड़े उद्देश्य अर्थात् पाकिस्तान की प्राप्ति के लिए अंग्रेजों द्वारा प्रयोग होता रहना चाहता था। यद्यपि उसका मूल चरित्र हिन्दू का था, क्योंकि वह एक हिन्दू के घर में हिन्दू बच्चे के रूप में पैदा हुआ था। इसके अतिरिक्त उसे यह भी जानकारी थी कि हिन्दू से मुसलमान बनने पर उसे हिन्दुओं ने किस प्रकार तिरस्कार के भाव से देखा था और उसके इस निन्दनीय कृत्य की किस प्रकार तीव्र भत्सना की थी। हिन्दुओं के उस व्यवहार का वह बदला देश को तोड़ने के रूप में देना चाहता था। क्या ही अच्छा होता कि जिन्ना अपनी इस सोच से बाहर निकल कर फिर से हिन्दू बन जाता।

स्वतंत्र भारत का पहला दंगा

जिन्ना ने देश का बँटवारा करवाया तो स्वतन्त्र भारत का पहला दंगा भी कश्मीर में ही हुआ। जिस कश्मीर को लेने से जिन्ना वंचित रह गया था, उसे पाने के लिए उसने कबायलियों की सहायता ली और अपने सैनिकों को कबायलियों के भेष में भारत भेजना आरम्भ कर दिया। वास्तव में जिन्ना को पाकिस्तान अंग्रेजों की रणनीति और चालबाजियों से बड़ी सरलता से प्राप्त हो गया था। अतः उसने सोचा कि कश्मीर को भी वह इसी प्रकार सरलता से प्राप्त करने में सफल हो जाएगा। सन 1946 में सोहरावर्दी के द्वारा बंगाल में जिस प्रकार सीधी कार्यवाही के दौरान हिन्दुओं का नरसंहार किया गया था। वह उदाहरण पाकिस्तान के प्रथम गवर्नर जनरल जिन्ना के सामने था। फलस्वरूप उसने कबायलियों के वेश में गई अपनी सेना के माध्यम से कश्मीर में पण्डितों का नरसंहार कराना आरम्भ कर दिया।

इसके पीछे उसकी सोच थी कि जैसे 16 अगस्त 1946 को सीधी कार्यवाही दिवस के समय कांग्रेस के बड़े नेताओं का हिन्दू नरसंहार देखकर मनोबल टूट गया था, वैसी ही स्थिति भारत के नेतृत्व की अब भी हो जाएगी, क्योंकि भारत की सत्ता उस समय उन्हीं कांग्रेसियों के हाथ में थी जो सीधी कार्यवाही दिवस के समय कांग्रेस का नेतृत्व कर रहे थे। जिन्ना का अनुमान किसी सीमा तक गलत भी नहीं था। यह तो भारत का सौभाग्य था कि उस समय देश के गृहमन्त्री और उपप्रधानमन्त्री सरदार पटेल थे। जिनकी सूझबूझ और देशभक्ति ने जिन्ना की योजनाओं पर पानी फेर दिया था।

पाकिस्तान ने किया भारत पर पहला आक्रमण

3 सितम्बर 1947 से पाकिस्तान ने कश्मीर पर हमला करना आरम्भ किया था। भारत के प्रधानमन्त्री पण्डित जवाहरलाल नेहरू ने कश्मीर के तत्कालीन महाराजा हरिसिंह को कश्मीर में उचित समय पर उचित सहायता प्रदान नहीं की, जिससे वह पाकिस्तान के हमले के सामने अपने आपको असहाय अनुभव कर रहे थे। राजा अपनी प्रजा को बचाना तो चाहते थे, परन्तु वह सामना करने का कोई उपाय नहीं सोच पा रहे थे। महाराजा की मानसिकता को समझ कर कश्मीर की हिन्दू जनता कश्मीर छोड़कर भागने लगी। पाकिस्तान द्वारा प्रायोजित इस साम्प्रदायिक दंगे या हमले में पाकिस्तान भारत से कश्मीर का बहुत बड़ा भाग छीनने में सफल हो गया। जो आज तक पाकिस्तान के ही कब्जे में है। इसी को हम पाक अधिकृत कश्मीर कहते हैं।

इस प्रकार स्वाधीन भारत का पहला दंगा भारत के लिए हानिकारक और शत्रु के लिए लाभदायक रहा। यद्यपि इस राष्ट्रीय हानि को भी तत्कालीन नेतृत्व ने हानि नहीं समझा और ना ही इस हानि से किसी प्रकार की शिक्षा लेने का प्रयास किया। वह अपनी मुस्लिम तुष्टिकरण की नीति पर काम करता रहा। देश और कांग्रेस के तत्कालीन नेतृत्व की इस मूर्खता से देश के सांप्रदायिक तत्वों को और भी अधिक सांप्रदायिक दंगे करने की प्रेरणा मिली। ये वही लोग थे जो पाकिस्तान में तो नहीं जा सके थे, परन्तु पाकिस्तानी मानसिकता के साथ भारत में रह गए थे। पाकिस्तान ने अपने इस ऑपरेशन को नाम दिया था-ऑपरेशन गुलमर्ग। यदि सरदार पटेल पाकिस्तान की इस कार्यवाही के लिए समय पर सचेत ना होते तो यह ऑपरेशन गुलमर्ग पूरी कश्मीर को हड़प सकता था।

निजाम हैदराबाद की भारत विरोधी सोच

भारत के भीतर ही एक और पाकिस्तान की माँग उस समय की जा रही थी और उस माँग का नेतृत्व कर रहा था निजाम हैदराबाद। इसके भीतर भी देश विरोधी कीटाणु उसी प्रकार कसमसा रहे थे जैसे जिन्नाह की खोपड़ी में कसमसा रहे थे। हैदराबाद निजाम ने प्रारम्भ से ही भारत विरोधी दृष्टिकोण अपनाया और उसने पूरा मन बना लिया कि वह एक पाकिस्तान भारत के भीतर बनाकर ही दम लेगा। कई लोगों ने पाकिस्तान बनने में वीर सावरकर जैसे लोगों की हिन्दू मानसिकता को जिम्मेदार मानने का अतार्किक प्रयास किया है। ऐसे लोग निजाम हैदराबाद की मुस्लिम साम्प्रदायिकता को भी उपेक्षित कर जाते हैं। यदि पाकिस्तान का निर्माण हिन्दू साम्प्रदायिकता के कारण हुआ था तो निजाम हैदराबाद जिस प्रकार देश के भीतर एक दूसरे पाकिस्तान की माँग पर अड़ा हुआ था उसके लिए कौन

सी हिन्दू साम्प्रदायिकता दोषी थी? यह तो सीधे-सीधे मुस्लिम साम्प्रदायिकता का एक जीवन्त उदाहरण था। निजाम हैदराबाद ने भारत के साथ आने से मना कर दिया। यही कारण था कि उसने भारत के साथ मिलने के लिए तैयार किए गए विलय पत्र पर हस्ताक्षर नहीं किए। हैदराबाद की हिन्दू बहुल जनता इस रियासत का विलय भारत के साथ चाहती थी।

कासिम रिजवी ने हिन्दू जनता की देशभक्ति पूर्ण भावनाओं के साथ खिलवाड़ करते हुए यहाँ पर दंगा भड़का दिया और हिन्दुओं का नरसंहार करना आरम्भ कर दिया। जिससे हिन्दुओं को यहाँ से निकल भागने के लिए बाध्य होना पड़ गया। जैसे पाकिस्तान ने कबायलियों का सहारा लेकर अपनी सेना कश्मीर में भेजी थी वैसे ही कासिम रिजवी ने अपनी सेना का नाम रजाकार रखा था।

कहने का अभिप्राय है कि चाहे पाकिस्तान हो, चाहे मुस्लिम निजाम हैदराबाद हो, दोनों की सोच और कार्यप्रणाली एक ही जैसी थी। दोनों का लक्ष्य एक ही था -हिन्दू विनाश। दोनों की सोच में साम्प्रदायिक कीड़ा गजबजा रहा था। उसी से प्रेरित और प्रोत्साहित होकर उन्होंने अलग-अलग स्थानों पर स्वतन्त्र भारत के इस प्रभात में ही दंगों का इतिहास लिखना आरम्भ कर दिया था। दोनों ही कांग्रेस के तत्कालीन नेतृत्व पर दबाव बनाकर अपने लिए कुछ बड़ा हासिल कर लेना चाहते थे।

सरदार पटेल का मजबूत नेतृत्व

निजाम हैदराबाद और जूनागढ़ की मुस्लिम साम्प्रदायिकता और देश विरोधी गतिविधियों पर सरदार पटेल की पहले दिन से ही बहुत कड़ी नजर थी। उन्होंने अपनी राजनीतिक सूझबूझ और पराक्रमी शैली से इन दोनों रियासतों को भारत में मिलाने में सफलता प्राप्त की। वास्तव में यह सफलता उस समय सारी कांग्रेस या तत्कालीन भारत सरकार की न होकर अकेले सरदार पटेल की थी। क्योंकि तत्कालीन प्रधानमन्त्री नेहरू की यदि चलती तो वह इन दोनों रियासतों के सामने भी घुटने टेक सकते थे और तब हम भारत के भीतर भी एक नहीं दो और पाकिस्तान बने हुए देखते।

पंजाबी निजाम हैदराबाद और जूनागढ़ की रियासतों का भारत में विलय हो गया परन्तु सरदार पटेल इस संसार से शीघ्र ही प्रस्थान कर गए। 15 दिसम्बर 1950 को उनके देहावसान के पश्चात् मुस्लिम साम्प्रदायिकता ने फिर से सिर उठाना आरम्भ किया।

अभी ढाई वर्ष पहले जिस मुस्लिम साम्प्रदायिकता का कांग्रेस और उसके नेता बचाव करते देखे जा रहे थे और मुस्लिम साम्प्रदायिकता देश के विभाजन के लिए दोषी मानने को कतई तैयार नहीं थे, उसी मुस्लिम सांप्रदायिकता ने फिर अपना पुराना स्वरूप प्राप्त

कर लिया। सन 2008 की दंगा रिपोर्ट के अनुसार मध्य प्रदेश में 654, उत्तर प्रदेश में 613 कर्नाटक में 341 दंगे उस समय तक हुए। प्रधानमंत्री नेहरू के शासनकाल में 1950 से 1964 के बीच 243 दंगे हुए। यदि इन दंगों की एक विस्तृत रिपोर्ट तैयार कर प्रकाशित की जाए तो कई मोटे-मोटे ग्रंथ तैयार हो जाएँगे।

पण्डित जवाहरलाल नेहरू के पश्चात् शास्त्री जी देश के प्रधानमन्त्री बने, परन्तु उनका शासन काल संक्षिप्त रहा। उनके पश्चात् पण्डित नेहरू की बेटी इंदिरा गांधी देश की प्रधानमन्त्री बनीं। उनके शासनकाल में भारत में 15 राज्यों में 337 दंगे हुए जो उनके अपने पिता के शासनकाल में हुए दंगों से लगभग 100 की संख्या में अधिक थे। जब इंदिरा गांधी 1984 में मारी गईं तो उनके पश्चात् देश के प्रधानमन्त्री राजीव गांधी बने, जो इंदिरा गांधी के ही पुत्र थे। उनका शासनकाल मात्र 5 वर्ष का रहा, परन्तु उन 5 वर्षों में ही देश को 16 राज्यों में 291 साम्प्रदायिक दंगों को देखना और झेलना पड़ा।

कश्मीर से हिन्दुओं का हुआ पलायन

लगभग इसी समय देश की छद्म धर्मनिरपेक्षतावादी सरकारों के रहते कश्मीर से बड़ी संख्या में हिन्दुओं को पलायन करने के लिए विवश किया गया। पूरा राज्य साम्प्रदायिक दंगों की भट्टी में परिवर्तित हो गया। कश्मीर में यह वह काल था, जब लगभग हर गली मोहल्ले में चौबीसों घण्टे दंगों के लिए हर मुस्लिम स्वतन्त्र था। वहाँ की सरकार द्वारा प्रायोजित इन दंगों में साम्प्रदायिकता अथवा मज़हबपरस्ती अपना खुला खेल खेल रही थी। जिसे रोकने टोकने वाला कोई भी नहीं था। इन परिस्थितियों में हिन्दू के लिए वहाँ रहना सर्वथा असम्भव हो गया। सारी धर्मनिरपेक्ष राजनीति मौन होकर देखती रही और स्वाधीन भारत के एक राज्य से हिन्दू पलायन कर इधर-उधर भागने के लिए विवश हो गया। लंगड़ी लूली धर्मनिरपेक्ष सरकारों ने हिंदू के विस्थापन को गंभीरता से नहीं लिया। वह उनके लिए इधर-उधर आवास बनाने की घोषणाएँ तो करती रही, परंतु उन्हीं के बने बनाए आवासों को उन्हें दिलाने का साहस नहीं कर पाई। संभवतः आधुनिक विश्व में किसी भी सरकार की असहाय अवस्था का इस प्रकार का उदाहरण भारत से अलग कहीं मिलना कठिन है। वास्तव में कश्मीर में हिन्दुओं का यह पलायन सरकार द्वारा प्रायोजित सांप्रदायिक दंगों के चलते हुआ। सरकार द्वारा प्रायोजित इन दंगों को मज़हब ही पीछे से प्रेरित कर रहा था। जिसका उद्देश्य केवल एक ही था कि कश्मीर को हिन्दूविहीन कर फिर एक स्वतन्त्र मुस्लिम राज्य की घोषणा की जाए।

क्यों होते हैं साम्प्रदायिक दंगे?

अब प्रश्न केवल यही है कि ये साम्प्रदायिक दंगे आखिर होते क्यों रहे? यदि इस प्रश्न पर विचार किया जाए तो पता चलता है कि मुस्लिम तुष्टिकरण की कांग्रेस की नीति इन साम्प्रदायिक दंगों को मनोवांछित खुराक प्रदान करती रही। काँग्रेस मुस्लिमों को वोट बैंक के रूप में प्रयोग करती रही।

कांग्रेस ने कभी मुस्लिमों को देश के हिन्दू समाज के साथ मिलकर रहने के लिए प्रेरित नहीं किया। ना ही कभी उन्हें यह पढ़ाया व समझाया कि देश का भला दोनों समुदायों के एक साथ मिलकर चलने में है। इसके विपरीत कांग्रेस ने रह-रहकर मुस्लिमों को यह दिखाने का प्रयास किया कि देश विभाजन के लिए जिन्ना नहीं बल्कि हिन्दूवादी सोच के नेता जिम्मेदार थे। जबकि कांग्रेस उस समय भी आप लोगों का बचाव कर रही थी और अब स्वाधीन भारत में भी आपके बचाव के लिए कटिबद्ध है। इस सोच व कांग्रेस की इस प्रकार की कार्यशैली ने मुस्लिमों को जहाँ हिन्दुओं के साथ अपना छत्तीस का आँकड़ा बनाए रखने के लिए प्रेरित किया, वहीं शासन का अप्रत्यक्ष सहयोग अपने साथ होने के भाव के चलते उन्होंने हिन्दुओं के साथ रह-रहकर साम्प्रदायिक दंगे करने आरम्भ किये।

यदि कांग्रेस साम्प्रदायिक दंगों के प्रति गम्भीर होती और उन्हें पहले दिन से कुचलने के लिए कड़े कानून लाने की दिशा में ठोस कदम उठाती तो देश में दंगों का इतिहास कुछ दूसरा ही होता। तब बहुत सम्भव था कि देश में साम्प्रदायिक दंगे होते ही नहीं।

साम्प्रदायिक दंगों के सम्बन्ध में हमें यह भी ध्यान रखना चाहिए कि महाराष्ट्र में जब कांग्रेस 2004 से 2008 के बीच शासन कर रही थी तो वहाँ पर इन 5 वर्षों में ही 681 साम्प्रदायिक दंगे हुए थे। स्वतन्त्र भारत में किसी एक प्रदेश में इतने कम समय में इतने अधिक दंगे होने का सम्भवतः यह एक कीर्तिमान है जो कि कांग्रेस के शासनकाल में सम्भव था।

मुंबई में सन 1993 के बीच जिन साम्प्रदायिक दंगों को कराया गया उनमें 900 लोग मारे गए थे। इसके बाद 12 मार्च 1993 में आतंकवादी हमलों में यहाँ पर 250 लोग मारे गए थे। उन दंगों के बारे में यह भी एक कटु सत्य है कि अंडरवर्ल्ड डॉ.न दाऊद इब्राहिम ने ही उनका षड़यंत्र रचा था।

लांशों का व्यापार

आखिर लाशें गिनने और लाशों से अपने स्वार्थ सिद्ध करने का कारोबार इस्लाम का पुराना कारोबार है, जिसे उसके मानने वाले आज भी बड़े प्यार से गले लगाए हुए

हैं। देश की राजनीति सब कुछ जानकर भी उधर से मौन साधे रही और देश के छद्म धर्मनिरपेक्षतावादी राजनीतिक दल और उनके नेता सत्य से मुँह फेरे खड़े रहे। अंडरवर्ल्ड दाऊद इब्राहिम पर हाथ डालने का साहस सरकारें नहीं कर पाईं। यही कारण रहा कि यह व्यक्ति समानांतर सरकार चलाने की स्थिति में आ गया। फलस्वरूप देश के मीडिया जगत् में अपने लोगों को प्रवेश कराकर इसने उसे प्रभावित करना आरम्भ किया।

देश की फिल्म इंडस्ट्री में भी इसने अपने हिन्दू विरोधी मानसिकता के लोगों को प्रवेश कराने में सफलता प्राप्त की। वहाँ पर हिन्दू लड़कियों के साथ मुस्लिम हीरो रखने का काम एक षड़यंत्र के अन्तर्गत करना आरम्भ किया। हिन्दू देवी देवताओं को अपमानित करने और हिन्दू समाज को बदनाम करने की हरसम्भव चेष्टा मीडिया जगत् में घुसे तथाकथित मुस्लिम लेखकों और फिल्म इंडस्ट्री में घुसे मुस्लिम अभिनेताओं ने करनी आरम्भ की।

जैसे अगस्त 1946 में हुई सीधी कार्यवाही दिवस से काँग्रेस पाकिस्तान के बनने के लिए मानसिक दबाव में आ गई थी, वैसे ही देश में हुए अनेकों दंगों के चलते काँग्रेस, उसके नेता और उसकी राज्य सरकारें दाऊद इब्राहिम जैसे लोगों के दबाव में आ गईं। उस दबाव के चलते ही ये सारे काम बड़ी सहजता से दाऊद इब्राहिम ने कराने आरम्भ कर दिए। कुल मिलाकर उसने एक नये पाकिस्तान की तैयारी करनी आरम्भ की। लाशों ने अपना काम कर दिया। कांग्रेस और उसके नेता इन लाशों में भी हिन्दू मुस्लिम खोजते रहे। उसकी आँखों ने यह देखने का प्रयास नहीं किया कि इन लाशों के रूप में ना तो हिन्दू गिर रहे थे और ना मुसलमान गिर रहे थे बल्कि गिर रहा था तो माँ भारती का खून गिर रहा था।

वास्तव में दंगों को मुस्लिम लीग ने कांग्रेस को अपने सामने घुटने टेकने के लिए कराना आरम्भ किया था। मुस्लिम लीग की उसी सोच को स्वाधीन भारत में मुस्लिम नेताओं ने अपने लिए एक हथियार के रूप में प्रयोग करना आरम्भ किया। कांग्रेस ने इस सच को जैसे स्वाधीनता से पूर्व छिपाने का प्रयास किया था वैसे ही स्वाधीनता के पश्चात् भी छुपाने का ही काम किया। जिससे मुस्लिम साम्प्रदायिकता और भी अधिक विकराल होती चली गई।

कांग्रेस ने किया देश के इतिहास का विकृतिकरण

कांग्रेस ने इतिहास का विकृतिकरण किया और जो लोग इस खेल में कौशल प्राप्त किए हुए थे उन्हें इतिहास के विकृति करण के कार्य में लगाया। जिससे हिन्दू इतिहास का वैभव देश की आँखों से छुपा दिया गया। देश में बड़ी तेजी से बाबर और अकबर के गीत गाने वाले लोग सर्वत्र छाते चले गए। इतिहास में बाबर और अकबर जैसे लोगों को देश का

नायक बना दिया गया। राम जन्मभूमि के केस में भी सरकारें समय पर मुँह नहीं खोल पाई। फलस्वरूप यह केस दशकों तक न्यायालय में लटका पड़ा रहा। जिसका परिणाम यह हुआ कि कुछ उत्साही हिन्दू युवकों ने बाबरी मस्जिद को ही तोड़ डालने का कार्य कर दिया। जब मामला न्यायालय में विचाराधीन था तब इस प्रकार की कार्यवाही भी उचित नहीं थी। उधर मुस्लिम साम्प्रदायिकता इतनी अधिक बढ़ गई कि जब कुछ राम भक्त कारसेवक अयोध्या में कारसेवा करके ट्रेन से गोधरा पहुँचे तो उनकी पूरी बोगी को ही मुस्लिम लोगों ने आग लगा दी। जिसमें सभी लोग जिंदा जल गए।

27 फरवरी 2002 को घटी यह घटना स्वाधीन भारत के इतिहास की बहुत ही दुःखद घटना थी। इस घटना में 59 लोग मारे गए थे। इस घटना को अंजाम दिलाने में पाकिस्तान का हाथ था। इसके पश्चात् गोधरा में प्रतिक्रिया स्वरूप जो कुछ हुआ उसके लिए तो आज तक नरेन्द्र मोदी जी को कोसा जाता है परन्तु कोई भी यह नहीं देखता कि यदि मुस्लिम सांप्रदायिकता के वशीभूत होकर मुस्लिम लोग कारसेवकों की उस बोगी को आग नहीं लगाते तो गोधरा नहीं हुआ होता। घटनाओं का एकपक्षीय होकर अवलोकन करना नितांत मूर्खता होती है। हम घटनाओं की तह तक जाएँ और उस सच्चाई को खोजें जिसके कारण घटना घटित हुई थी तो स्थिति बहुत कुछ साफ हो जाती है। तब उसके निष्कर्षों से आने वाली पीढ़ियों को भी लाभ मिलता है। लोगों को पता चल सकता है कि वास्तविक गलती किसकी थी और यदि उस गलती को नहीं किया जाता तो हम एक बड़ी ऐतिहासिक दुर्घटना से बच सकते थे।

पूरे गुजरात में हुई हिंसक घटनाओं में लगभग 2000 व्यक्ति मारे गए थे। यदि हमारे नेता पहले दिन से राम जन्मभूमि के विवाद को सुलझाने में रुचि लेते और यह कहने का साहस करते कि राम जन्मभूमि पर केवल हिन्दू समाज का ही अधिकार है तो इतिहास कुछ दूसरा होता। जब समय पर राजनीति मौन हो जाती है तो चीरहरण की घटनाएँ होती ही हैं।

❒

अध्याय-13

उपसंहार

50 दोहों में देश का भूत, वर्तमान और भविष्य

जीवन के संगीत में, मिश्री सी तू घोल।
मनवा सुख की खोज में, ओ3म् ओ3म् ही बोल।।

जगत की चिन्ता छोड़ दे, चिंतन कर सुबह शाम।
भजले मनवा ईश को, पूरण करता काम।।

द्वन्द्वभाव को त्यागकर, पकड़ डगरिया मीत।
मालिक तेरा है जहाँ, वह सुखद नगरिया मीत।।

वेद की बंशी बज रही, अनहद का है शोर।
अनुभव कर ले बावरे, उठ प्रातः की भोर।।

ऋषियों का यह देश है, ऋषियों का इतिहास।
हास और परिहास में है ऋषियों का आभास।।

आर्यावर्त मेरा देश है, विश्व गुरु है महान।
भारती की आरती, गाता सकल जहान।।

ईश वाणी वेद की ऋऋषियों के उपदेश।
ऋषियों के निर्देश हैं, ऋऋषियों के आदेश।।

उपनिषदों ने खोल दीं, रहस्यमयी सब बात।
आत्मा-परमात्मा, और प्रकृति का साथ।।

मर्यादा बतला रहे, रामायण के गीत।
जो जन जानें बावरे, जग को लेते जीत॥

बेईमानी और नीचता, मत कर जग में आय।
महाभारत ये कह रही, सर्वस्व नाश हो जाय॥

गीता का संदेश है, कर्म करो निष्काम।
कर्म की ही शुद्धता, पकड़ाती सुखधाम॥

बड़े-बड़े धर्मात्मा, और बड़े-बड़े सम्राट।
धरती पर विचरे कभी, सिमट गये सब ठाठ॥

महाभारत के युद्ध ने, लिया था वैभव छीन।
पाखण्ड बढ़ा निज देश में, हो गये बुद्धिहीन॥

मत मतान्तर बढ़ गये, तेज हीन हुए लोग।
मज़हबपरस्ती बढ़ गयी, विश्व में फैला रोग॥

भारत शौर्यमय रहा, ना मानी कभी हार।
अंधकार प्रकाश का, हुआ युद्ध कई बार॥

तुर्क, मुगल अंग्रेज सब, गए अन्त में हार।
भारत की हुई जीत, हो गयी जय जयकार॥

क्रान्तिमय रहा देश ये, देता रहा बलिदान।
जिनके कारण हिंद को, मिलता रहा सम्मान॥

चोटी जनेऊ ना दिये, चढ़ा दिये थे शीश।
जीवन अर्पण कर दिया, पा माँ का आशीष॥

त्याग, तपस्या, साधना, लाखों का बलिदान।
हिन्दू-हिन्दी ध्यान में, मन में हिन्दूस्थान॥

पौरुष जगा मेरे देश का, भाग गये अंग्रेज।
देख देश की वीरता, और देख देश का तेज।।

मुस्लिम लीग अंग्रेज ने, बाँट दिया जब देश।
कांग्रेस सहमत हुई, लेकर खण्डित देश।।

सत्ता पाई मद चढ़ा, हो गये मदहोश।
लगे लूटने देश को, अपने 'काले' लोग।।

लुटिया डुबाई देश की, कर दिया सारा नाश।
संस्कार मिटा दिये वेद के, बदला सब इतिहास।।

तुष्टीकरण करने लगे, दे दिये गहरे घाव।
कैसे बचाएँ देश को, भूल गये सब दाँव।।

देश जाये गर्त में, नहीं किसी को ध्यान।
जो खुद कुछ नहीं जानते, बाँट रहे हैं ज्ञान।।

हिन्दू के विरोधी बने, हिन्दी के गद्दार।
हिन्दी शब्द नहीं याद हैं, इंग्लिश की भरमार।।

गऊ, गंगा, गीता, जहाँ, बसती हिय के बीच।
ध्यान भंग इनसे किया, कर्म करा रहे नीच।।

भय-भूख ना मिट सके मिटा ना भ्रष्टाचार।
सब्जबाग झूठे दिए आयी जो सरकार।।

निःशुल्क शिक्षा दी नहीं खोले निज स्कूल।
मनमाफिक लें फीस मर्यादा गए भूल।।

चिकित्सा के नाम पर मूँड रहे हैं खाल।
धर्म भ्रष्ट हुए वैद्य भी नहीं धर्म का ख्याल।।

राजनीति वेश्या बनी भूल गई निज धर्म।
नेता भड़वा हो गए त्याग दई सब शर्म।।

नेता में नहीं दीखता तनिक राष्ट्र का बोध।
धन कमाने में लगे, उसी पे करते शोध।।

जैसे नेता देश के वैसे हो गये लोग।
निजता तो बिसरा दई, पश्चिम का चढ़ा रोग।।

संसद भवन में बैठकर सुनें गीत अश्लील।
देश की चिंता नहीं बुद्धि हुई मलीन।।

देश के जननायक नहीं धन के नायक लोग।
धर्म से निरपेक्ष हैं, महामारी का रोग।।

देशहित नहीं बोलते, करें स्वार्थ की बात।
गिद्ध देश में पल रहे, नोंच रहे दिन रात।।

राष्ट्रीयता की बात कर, राष्ट्रधर्म से हैं दूर।
सबके हित कुछ ना करें, स्वार्थ में गये डूब।।

देश को आँख दिखा रहे, अदने अदने देश।
छल छदमी बैठे यहाँ, बना 'जयचंदी' वेश।।

मज़हबपरस्ती सिर चढ़ी, वतनपरस्ती दूर।
भाषा धर्म पर लड़ रहे, ढूँढ़ रहे कोहिनूर?

शिक्षा से संस्कार को, कर दिया है दूर।
चित्र चरित्र जिसका नहीं, बाँट रहे हैं नूर।।

नचकैंया हीरो बने, 'नायक' दिये भुलाय।
आदर्श भौंडे लोग हैं, तनिक लजावें नाय।।

युवा पीढ़ी सो रही, लेती कुछ नहीं सीख।
मात-पिता चुप कर दिये, कहते क्यों रहे चीख?

सिसक रहा बूढ़ा पिता, रोती माँ की कोख।
आँसू सागर बन गये, कौन सकेगा सोख।।

बहन सिसकती रह गयी, राखी का त्योहार।
भाई कुछ बोला नहीं, किया नहीं सत्कार।।

उल्टी रीति चलायी, भूल गये निज चाल।
ऋषियों के इस देश में, घूम रहे चाण्डाल।।

बादे मुद्दत देश में, 'नायक' जन्मा एक।
जयचन्द भी छल में लगे, देख रहा है देश।।

मोदी जी संघर्ष करो, देश तुम्हारे साथ।
करना बहुत शेष है, चैन नहीं दिन-रात।।

युवा पीढ़ी ध्यान से, करे एक संकल्प।
विश्व गुरु भारत बने, विकल्प नहीं संकल्प।।

देश का युवा जागता, उसका उज्ज्वल भाग्य।
आलिंगन नियति करें, खड़ी पसारे हाथ।।

भारत को 'भा' 'रत' बना, करना है अभिषेक।
'स्वच्छता अभियान' को, अपना ले 'राकेश'।।

-डॉ. राकेश कुमार आर्य